髙口光子の
介護保険施設における
看護 介護 のリーダー論

髙口光子
杉田真記子 共著

医歯薬出版株式会社

This book is originally published in Japanese
under the title of :

TAKAGUCHIMITSUKO NO KAIGOHOKENSHISETSU NIOKERU
KANGO KAIGO NO RIIDARON
(Leadership of Nursing and Care in long term care house)

Editors :
TAKAGUCHI, Mitsuko
    Care Worker and Physical Therapist
SUGITA, Makiko
    First-Class Registered Architect

© 2005 1st ed.
ISHIYAKU PUBLISHERS, INC.
    7-10, Honkomagome 1 chome, Bunkyo-ku,
    Tokyo 113-8612, Japan

髙口光子の介護保険施設における看護介護のリーダー論　もくじ

本書をまとめるにあたって ……………………………………………………………… 杉田真記子　1

なぜ今，髙口光子が看護介護のリーダー論を問うか ……………………………………………… 2

1 看護介護のリーダー・中間管理職に必要なリーダーシップ …………………………… 4
－ケアの質は指導者の能力に左右される－

1-1 リーダー・中間管理職のやるべきこと …………………………………………… 4
配置図を理解・作成する　組織図を理解・作成・公表する　配置図・組織図の周知徹底

1-2 看護と介護の視点のズレをなくす ……………………………………………… 10
医療モデルと生活モデルの相違を認識する　病院で優秀なヘッドナースが生活支援施設のリーダーになるとき

1-3 リーダーシップとは？ …………………………………………………………… 16
誰でもできることを引き出す　個性を引き出す　最終決定は現場が行う（一人のお年寄りとのかかわりのなかで）

1-4 リーダーとしての「かまえ」－ケアする人をケアするのは誰か ……………… 24

2 介護リーダー（指導者）に必要な「ケア」技術 ……………………………………… 26
－「ケア」を業務にさせない「気づき」「プロ意識」を見出し・育む－

2-1 リーダー（施設）が目指すケアとは？ ………………………………………… 26
リーダーとして把握すべき介護の役割分担　お年寄りの生きている実感とスタッフが感じるケアの喜びとは

2-2 「食事」「排泄」「入浴」ケアの導入手順と指導のポイント ………………… 32
導入にあたっての基本的なスタート　食事：食べる楽しみを大切にしたケア　排泄：オムツよりトイレでの排泄を基本としたケア　入浴：お風呂がゆっくり・楽しみとなるようなケア

2-3 業務としてケアを確立していくために ………………………………………… 42
流れ作業とならない「その人らしさ」を大切にするために　日常業務の見直しから実践・定着まで　勤務体制づくりのポイント

3 新人教育（中途採用も含む）と指導のポイント ……………………………………… 52
－スタッフの能力を学歴や勤務年数のみで評価しないために－

3-1 新人職員が育つためのアセスメント …………………………………………… 52
新人職員が育つ流れ

3-2 新人研修プログラムの計画と進めかたのポイント …………………………… 54

3-3　「身体拘束（抑制）禁止」に対する意識づけと責任の所在 ……… 56
　　3-4　プロ意識の基本をつくるために ……… 58
　　3-5　新人アセスメント ……… 60

4　スタッフとの有効なコミュニケーションとかかわりかた ……… 62
　　　　－個々の職員の個性をどのように見極め伸ばしていくか－
　　4-1　年配・若いスタッフを生かす言いかた・聴きかた ……… 62
　　4-2　2対6対2の法則を頭に入れる ……… 64
　　4-3　ときどきリーダーの本音をみせる ……… 64
　　4-4　スタッフの「悩み」「つまずき」「不満」に対して有効にかかわる ……… 66

　　　　　スタッフ「個人」の問題解決　スタッフ間のトラブル解決　集団として
　　　　　のトラブル解決　漠然としたトラブルを分析する

5　リーダーとしての介護施設のケアマネジメント ……… 76
　　　　－理念に基づく「ケア」を日常業務へ落とし込んでいくために－
　　5-1　介護施設のケアマネジメントとは？ ……… 78

　　　　　介護施設の2つのシステムライン　申し送りの方法　会議の運営方法
　　　　　委員会活動の企画と進めかた　会議の進捗レベルを把握する　会議を効果的に行うために

　　5-2　施設独自の業務マニュアル作成のポイント ……… 90

　　　　　ケアの質の統一と向上のために

まとめ ……… 92
参考資料-1　外出・外泊ケアプランの流れ ……… 94
参考資料-2　入浴改善（個浴）にたずさわって ……… 95
おわりに ……… 99

本書をまとめるにあたって

　髙口光子さんとの出会いによって，わたしが高齢者介護に抱いていた10年分のもやもや・罪悪感などが，きれいに流されていくのを感じました．

　10年前，老人施設の建築計画を研究していたわたしは，特別養護老人ホームで週2日の日勤（ボランティア）を2年間体験していました．そこでは，スタッフの方々が一斉にオムツ台車をひっぱり，競うようにしてオムツ交換をし，終わるとナースステーションで煙草を吸いながら合コン・転職の話などをし，コールには裏声で対処し，時間がくるとまたオムツ交換に一斉に出かける……という毎日で，ボランティアのわたしは「お年寄りと話をする」のが仕事で，結局何をしてよいかわからず，認知症のおばあちゃんと手をつなぎ，廊下を行ったり来たりするのが精一杯でした．

　「介護って何なんだ？」「お年寄りの生活って……？」「建築でいくらがんばっても，現場がこれでは……」という気持ちがあり，「福祉なんて偽善だ」「日本の行政が変わらない限りよい介護はできない」と問題に向きあうことなく，逃げるように全く別の分野に就職してしまったのです．

　そのもやもや感が髙口さんの講義を聞くうちに，涙とともに流れていきました．とくに，印象的だったのは以下の3点をきっぱりと言いきってもらったことです．
　① サービスの根幹は食事・排泄・入浴である
　② エコヒイキを当たり前のものとし，お年寄り全員にエコヒイキをする
　③ 介護は共同体技術であり，リーダーの存在が不可欠である

　このことに気づかせてもらい，もう一度建築という視点からきちんと高齢者介護に向きあおうと思うことができたのです．

　しかし，その後髙口さんの書籍や連載などを読み込んでいくうちに，体験談としては非常に素晴らしいけれども，教科書（テキスト）というスタイルになっていないので，受験世代のわたしたちには要点がつかみにくく，「話を聞くと感動するけど，現場に戻ると何をしたらよいかわからない」という感じを受けるようになったのです．

　その思いがこの本を作成するキッカケでした．わたしが建築に向きあうきっかけをもらった恩返しに，髙口さんの体験・思考・技術（スキル）を「リーダー論」としてまとめ，受験世代でも看護介護のリーダーとして要点がわかる本，現場に戻ってもパラパラと読み返し何度でも復習できる教科書をつくろうと思ったのです．

　この本では，髙口さんの現場体験を他の介護保険施設の改革でも利用できるよう，テキスト化・図式化し，容易に理解できるように心がけています．建築士という介護職ではないわたしの視点から「髙口光子のリーダー論」を解説するようつとめています．

共同著者　杉田真記子

なぜ今，髙口光子が看護介護のリーダー論を問うのか

●現在の状況
- 髙口が，なぜ今看護介護のリーダー論をまとめようと思ったかというと，対人援助の世界ではすでに技術や理念はかなり明確で詳細に示されています．さまざまな文献が紹介・発行され，研修会などが多種多様に開催されています．
- たとえば，髙口の身近なところで介護の見かた・考えかたそしてその方法を指導しているのは，三好春樹氏を代表として20年近く続けてこられた「生活リハビリ講座」です．大きな支持を得ています．
- 三好さんだけでなく，ほかにも介護の現場からは全国各地で諸先輩たちが繰り返し実践講習会を行い，トランスファーをはじめとした，各介助方法，認知症（痴呆）のとらえかた，または，社会援助技術も含めて紹介されています．

●講座を受けても「わたし」の施設はよくならない？
- 研修会にも行きました．本も読みました．見学もしました．スウェーデン（外国）にも行ってみました．ところが自分の施設に戻っても何も変わらない．日曜日の研修会に参加したわたしは，日曜日のわたし，月曜日の現場にいるわたしは月曜日のわたし．まるで別人のように振る舞い，いつのまにか何もなかったかのように割り切る，忘れる．結局あんなに納得し，ときに感動した内容が現場に活かされていないという印象をもっています．

●「わたし」の能力が低いからなのか？
- では，研修に行ったり，本を読んだりした人が能力的に低くて，やる気のない人なのかというと決してそうではありません．とても一所懸命さまざまな現場でケアの質の向上のための実践に取り組まれています．なのに，なぜうまくいかないんだろう，続かないんだろうという思いが各施設を訪問するたびに自分でも強く感じるようになりました．

●「わたし」の施設には，中間管理職・リーダーがいない！
- そこで髙口が考えたのは，そこに中間管理職・リーダーがいないからではないかということです．介護のことはとても熱心．しかし，そのよりよい介護をつくりだし，お年寄りに手渡すことを現場に定着させ，それを継続させていく方針を示し，方法論を検討し，やり通すまで見届けること，それがわたしの仕事だと自覚される人，つまりリーダーがいないということです．
- 仮にそのことを自覚でき，さてがんばろうと思っても，どのように立ち居振る舞って，どのような全体像をもって，何から手をつけたらいいのかの見当さえもつかないということなのです．
- つまり，リーダーがいるのかいないのか，いたとしても，そのリーダーが介護現場のマネジメントの方法論を十分に理解できているかどうか．このことをきちんとみていかなければ，どれだけ理念が語られたとしても，「わたしの施設」に"よりよい介護"は定着しない．このことがリーダー論をとにかくまとめてみたい．そして，実践を通じて検証したいという髙口の動機です．

●髙口光子なりのリーダー論

- 髙口は自分の体験をベースにこのテキストをまとめました．自分なりに今までやってきたことを，リーダーのありかたの視点から整理してみました．
- 髙口は平成13年7月より介護老人保健施設ききょうの郷（静岡県富士市）の改革を介護アドバイザーの立場からお手伝いしています．
- そこで，リーダーのありかたを提示し，各自にチェックと実践を求めた結果，施設長以下，「長」と名のつく役職者は全員が辞めました．辞める理由はさまざまで，一人ひとり特徴的でした．そして新しいリーダーが登場してきたのです．
- 施設ではさまざまなスタッフがかかわり，特有の共同体を形成しています．そのなかではリーダーのありかたを十分に確立していなければ，いくら建物が立派でスタッフ個人にやる気があっても，「よりよい介護」をお年寄りに手渡すことはできないのです．

●介護・施設・人が変わっていくのをみつめるのはいつも「お年寄り」

- 介護の視点，介護方法が変わると職員が変わります．職員が変わるとお年寄りも変わります．お年寄りが変わると施設が変わります．その施設のありかたが人を育てていくのです．
  そして，その変化する様子をいつも，揺るぎなく，穏やかに，しっかりとみつめていたのがお年寄りのみなさんでした．このことを下敷きにリーダー論をまとめていきたいと思います．

1 看護介護のリーダー・中間管理職に必要なリーダーシップ

～ケアの質は指導者の能力に左右される～

1-1 リーダー・中間管理職のやるべきこと

1-1-1 配置図を理解・作成する

- 介護保険法を基本として，県など行政に提出している施設・事業所別の人員の配置図を法人単位で確認する．施行法に基づいたそれぞれの役割を明確にしておく．これが法律を根拠とした社会的責任の基本．つまり，監査や関係諸機関（家族・警察など）より書類提出説明などを要求されたときに対応すべき役職を，本人はもとより相互に理解しておく．
- 各事業所ほかの兼任状況を把握して，責任・負担の所在を明確にする．経営への基本的な関心をもつきっかけとする．

図1 人員配置の概念図

役職	介護保険施設（ ）	短期入所事業所（ ）	通所事業所（ ）	訪問事業所（ ）	居宅介護支援事業所（ ）
管理者	○○ ○男	○○ ○男	○○ ○男	△△ △助	□□ □子
相談員	△△ △大	△△ △子	○○ ○子		
医師	○○ ○也	○○ ○也	○○ ○子		
看護師	○○ ○子	○○ ○子	○○ ○枝	△△ △子	
栄養士	○○ △子	△△ △子	○○ ○恵		
調理師	△△ ○子	○○ ○枝	△△ △子		
介護士	△△ △子	○○ ○男	○○ ○夫	△△ △枝	
事務員	○○ ○郎	○○ ○郎	△△ △夫	○○ ○子	○○ ○枝
機能訓練員	○○ ○夫	○○ ○郎	△△ △子		
介護支援専門員	□□ □香	○○ ○男			□□ □香
サービス提供責任者				△△ △美	

（ ）カッコ内は常勤換算数を示す

なぜ，数ある問題のなかで配置図なのか？

リーダー（中間管理職）であるみなさん自身が混乱すれば，現場はもちろん，組織全体が混乱します．みなさん自身が，ときにその複雑さがゆえにわかりにくくなりがちな自分の役割に対する意義を常に理解し，前向きな姿勢で継続的に管理業務を実践することは，施設や事業体にとってはたいへん重要なことなのです．
まずは，自分のよって立つ位置づけを，法的側面から理解しておきましょう．

黒字か？　赤字か？

誠意があって，心をこめていれば，あとはどうなってもいい，ほかのことは知らないというのは，まだまだ世間を知らない新人のいうことです．お年寄りのみに集中する新人の時期の気持ちをもつことは大切なことですが，いつまでもプロとしてはそこだけにとどまっていることはできません．なぜなら，よりよい介護を継続することも重要なサービス項目だからです．
よいサービスを提供していれば，収入はあとからついてくる，と堂々とした態度をとることも現場リーダーとしては，ぜひこだわりたいことのひとつですが，言葉だけでなく，本当に「お金」がついてきているかどうかを見極める能力が，他の発言や態度の説得力のひとつとなります．
例えば，満床の維持・稼働率の向上は，経営にとっては，予算達成の目標となります．現場にとっては，多職種連携の総合力の結果となるのです．
よりよい介護をつくりだし，それを継続するという立場から，ぜひ経営に興味をもってください．その入り口が，配置図を理解し，他のスタッフの仕事を正しくとらえることです．そして，介護に関する新聞や雑誌の記事ぐらいは，おっくうがらずにすすんで読んでおきましょう．

漫然とした忙しさ・やりきれなさを若いスタッフのせいにしていませんか？

若いスタッフの経験がないがゆえの未熟さ，たとえば，「報告書のまとめかた」「作業における効率的な動きかたができない」などのいわゆる"ヘタクソ"なことのみを言いあげて，その原因や段階的な指標を示さず，「あなたが，そうだから現場がまとまらないのよ」なんて言っていませんか．
本来，現場が安定している，看護介護の質が向上するということは，ナースやケアスタッフだけをみていればいいということではなく，お年寄りとナースやケアスタッフの関係を守り抜く，またその周辺の環境を見定める力が必要とされます．
目の前のことのみにとらわれているのではなく，その向こうにある問題を，わたしのイライラした「文句」ではなく，リーダーとしての建設的にとらえられる目をもってほしいのです．

1-1-2　組織図を理解・作成・公表する

・管理部門，ケア部門それぞれの担当者を明確にする（図2）．
・責任の所在と命令系統を組織全体で同一の認識とする．
・命令系統がしっかりと認識されていることから，緊急時（事故発生などの急変時，担当者不在時）などの迅速な対応につなげる．
・社会的責任に対する序列を明らかにする．

図 2　管理運営部門とケア部門の考えかた

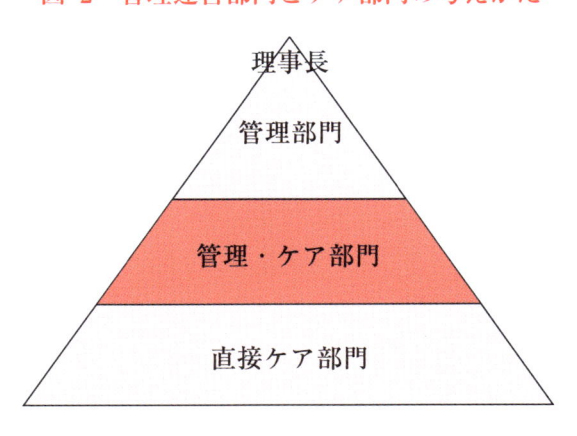

（ピラミッド図：理事長／管理部門／管理・ケア部門／直接ケア部門）

図 3　組織の概念図（ききょうの郷の例）

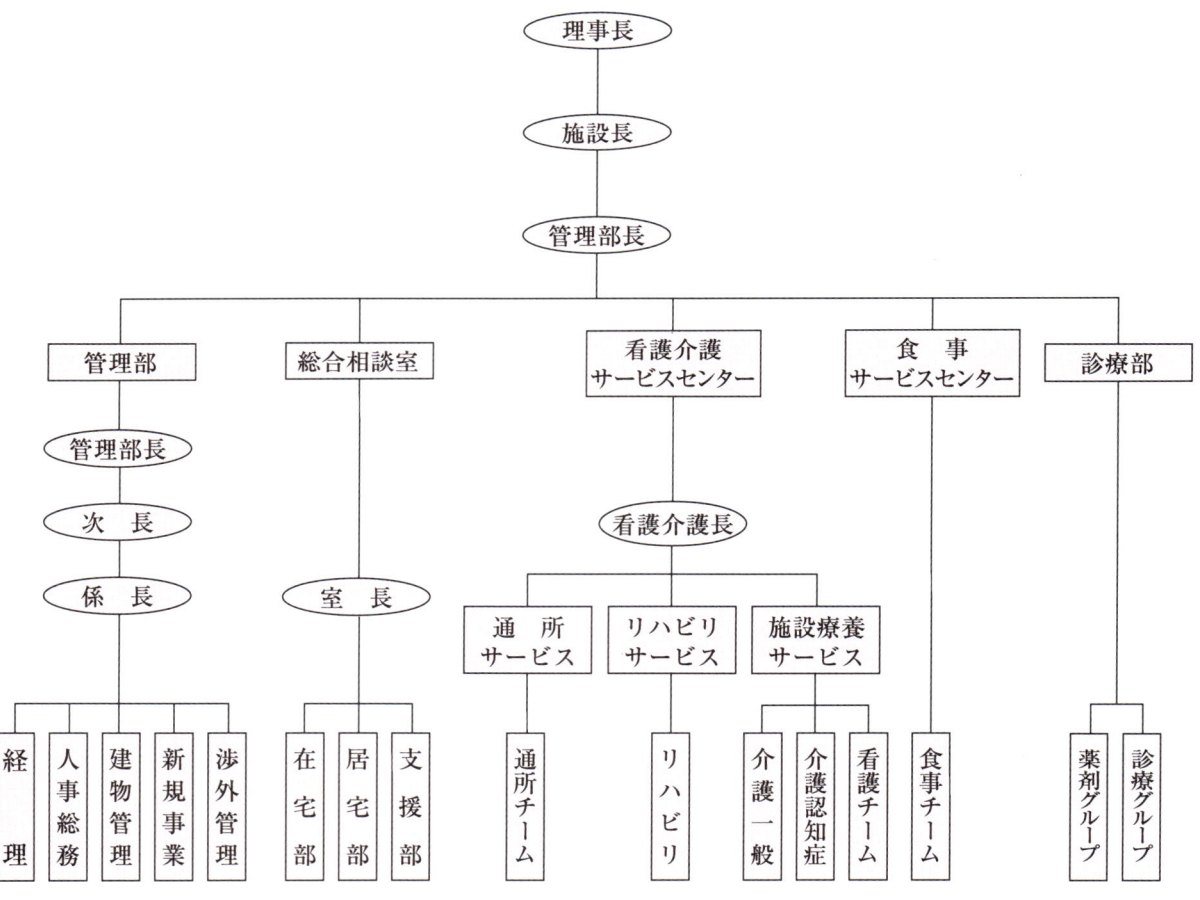

（組織図：理事長―施設長―管理部長―管理部／総合相談室／看護介護サービスセンター／食事サービスセンター／診療部

管理部：管理部長―次長―係長―経理・人事総務・建物管理・新規事業・渉外管理
総合相談室：室長―在宅部・居宅部・支援部
看護介護サービスセンター：看護介護長―通所サービス（通所チーム）・リハビリサービス（リハビリ）・施設療養サービス（介護一般・介護認知症・看護チーム）
食事サービスセンター：食事チーム
診療部：薬剤グループ・診療グループ）

主任は「古株だから」じゃない！　管理をするケアスタッフだ！

自分以外の人の存在を認識し，システムや組織を現場からの必要性をもって説明したり，つくりあげていく視点や能力が管理職には必要です．この視点や能力をいつその人物が体得・気づくかは，まさに体験と学習によるものです．またそのための体験や学習を経たとしても，すべての人がその視点・能力をもちあわせられるわけではありません．

リーダーとしての構えがとらえられるようになるには，一定の時間は必要ですが，時間が経って，施設に慣れていけばリーダーの自覚がもてるというわけではありません．

長く勤務しているから，年齢が上だから，順番だからなどの安直な理由で，リーダー辞令を出すことも受けることも控えましょう．

施設で誰が一番偉いのか？

スタッフに「あなた方の施設で一番偉い人は誰？」と質問をするとします．特別な事情がなければ，「理事長」「施設長」「事務長」「介護長」「主任さん」……と出てくることでしょう．

ある施設の研修で同様な質問をしたところ，「本当は介護長のほうが主任よりも偉いんだけれど，でも実際はA主任のほうが偉いんだ」などといいます．「どうして？」と聞くと，「だって，A主任は事務長とできているもん」とか平気で言い始めるのです．

このようにスタッフたちは，自分が所属する組織体のなかの力関係や指示命令系統について，漠然と体験的にイメージをつくっていきます．

ですから，組織図が十分に周知徹底されていないと，経験的で個人的な解釈による命令系統ができあがるというようなことが起こってしまうのです．

理事長は本当に立派なんだ!!

施設がうまくいかないことを「ウチの理事長が何もわかってなくてね……」と責任転嫁していませんか？

理事長は，その個人的な名前でもって，資金調達したり，事故が起きれば社会的責任（＝新聞に名前が載る）をとったりと，ケアには直接かかわらなくても，毅然たる信念をもってあなたの勤務する施設をまとめあげているのです．

理事長を悪者にして，スタッフをまとめる方法をとる人がいますが，ここ一番の抑えの機能をリーダー自らが失うことにもなるので，あまりこの方法は勧められません．

1-1-3　配置図・組織図の周知徹底

・報告・連絡・相談（ほう・れん・そう）をスタッフに要求するのならば，配置図の理解と組織図の公表は最低条件（＝図表にしておく）．
・配置図と組織図の相違を中間管理職以上が十分に理解しておく（＝部下に説明できる）．
・組織図と現実の力関係との相違を，中間管理職は十分に理解しておく．日々の更新も忘れないこと（＝現場の人間関係をよくみている）．
・自分（リーダー）の位置づけを組織的・法的に明確にしておくことで，リーダーとしてのさまざまな問題が複雑化・困難化し，ともするとすべての責任がいつのまにか自分に振りかかっているような状況に陥ったとき，心身ともに疲弊する前に，自分（リーダー）の健全性を保つための拠りどころとすることができる．「ここまで首を突っ込む必要はないんだ」と，しかるべき位置づけをもってより正しくその状況を感じることができるようにする．

1-1-4　リーダーが不在のときの報告・連絡・相談

・リーダーや当該の直属上司が不在のとき，緊急事態が発生した場合などの報告・連絡・相談ルートを常に意識しておく．
・通常は組織図に則った命令系統＝連絡・報告順序を守るが，緊急時はためらうことなくバイパスする．ただし，その後すぐにバイパスしたリーダー・上司には，同じように報告することが重要．
・不在のときとは，以下の状況などである．
　　・直属上司が休暇中・出張中
　　・出退勤の途中
　　・地域を移動中
　　・食事などで外出中
　　・病気で入院中
　　・重要な会議に出席中

まず，あなた自身を大切にしてください

　リーダー（＝中間管理職）は，その名のとおり上司と部下との間に位置しています．また，家族・お年寄り・スタッフとの関係，地域・施設・病院という組織体制，過去・現在・未来といったさまざまな異なる位相のなかで，複雑で複合した位置づけを要求されています．

　それは，ときにリーダーである自分自身を混乱させ，「何をやっているのかわからない」という思いに追い詰められることがあります．

　そこで，配置図・組織図を理解することは，最低限だけれども共有化された法的または組織的な位置づけをもつということで，混乱した自分をリセットする根拠になるわけです．また，いつでも基本に立ち返るという点でも重要なことなのです．

1-2　看護と介護の視点のズレをなくす

1-2-1　医療モデルと生活モデルの相違を認識する
・中間管理職自身が医療モデルと生活モデルを混同しないこと．あくまでも介護保険施設は生活支援施設であり，生活モデルがベースになる．

図4　医療モデルから生活モデルへ

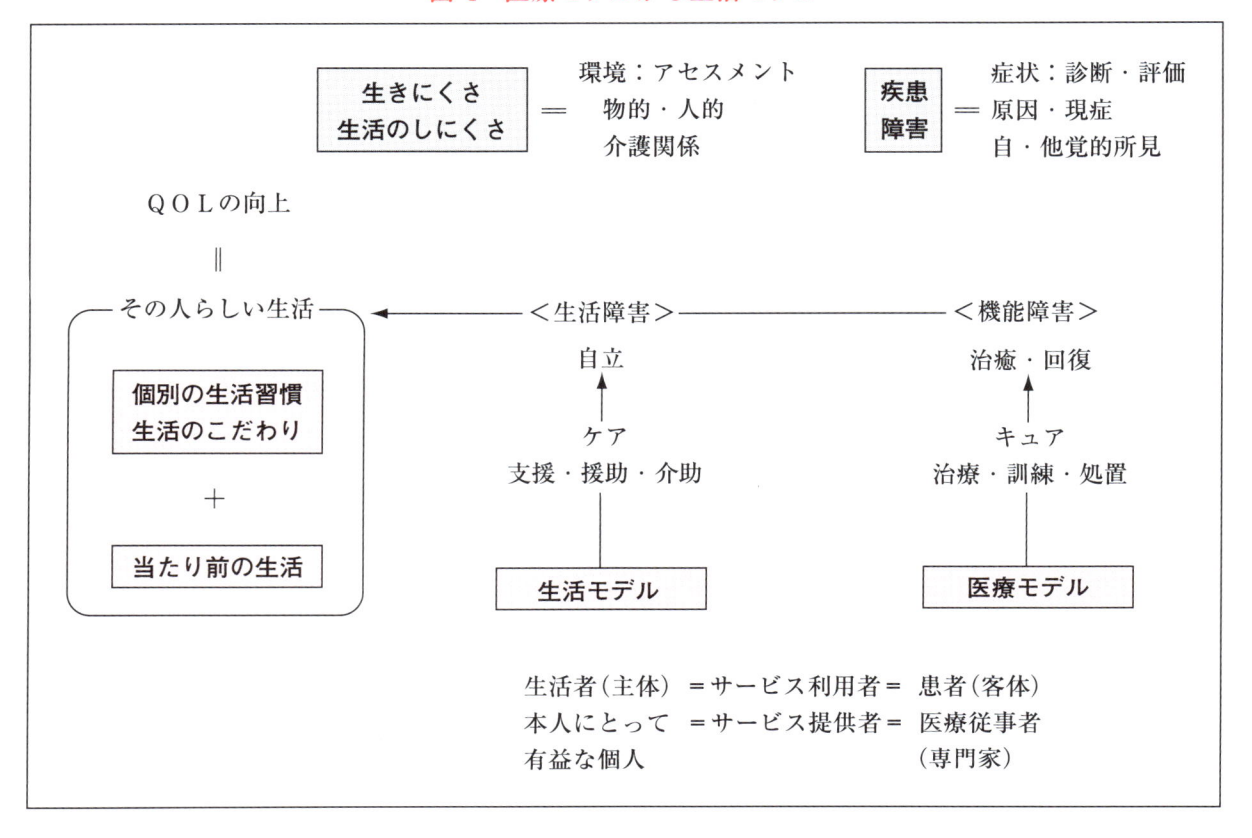

```
生きにくさ      環境：アセスメント       疾患      症状：診断・評価
生活のしにくさ ＝ 物的・人的             障害   ＝ 原因・現症
                介護関係                        自・他覚的所見

QOLの向上
  ‖
その人らしい生活 ←―― ＜生活障害＞ ―――――――― ＜機能障害＞
                        自立                       治癒・回復
┌──────────┐           ↑                          ↑
│個別の生活習慣│         ケア                       キュア
│生活のこだわり│        支援・援助・介助            治療・訓練・処置
│     ＋     │
│当たり前の生活│         生活モデル                 医療モデル
└──────────┘

            生活者(主体)    ＝サービス利用者＝  患者(客体)
            本人にとって    ＝サービス提供者＝  医療従事者
            有益な個人                          (専門家)
```

QOLの向上とは？

また，よく「QOLの向上を目指し……」というフレーズもみかけます．若いスタッフのなかには，「だから何をすればいいの！」と具体的に理解できていない人もいるのではないでしょうか？

上記の「その人らしい生活」を守り抜いていく状態，または守り抜いていこうとすることそのものが「QOLの向上」なのです．QOLとは，どこか異国の果てにいる青い鳥ではなく，まさにいま，わたしたちの目の前にいるこのお年寄りのなかにこそあるのだということです．

「その人らしい生活」＝「当たり前の生活」＋「こだわり・習慣」

ケアプランのなかには，「その人らしい生活を……」とよく記載されていませんか？

では，「その人らしい生活」とは何なのでしょう？ ひとつは「当たり前の生活」と思っています．「当たり前の生活」とは，夜寝ること，朝目が覚めること，そして今日はどこに行こうか，誰に会おうかと思いながら身づくろいすること，お腹をすかせてご飯を食べること，自分がおしっこしたいな，うんこしたいなと思うときに，おしっこやうんこをすること，肩やあごまでお風呂に浸かって「ああ気持ちいいな」と思うこと……．そして，夜になって寝床についたとき，「ああ，寝るが一番」と言って眠りにつくことです．これが「当たり前の生活」です．

そして次に，いろいろな個人の特徴が出てくるわけです．生活に対する「習慣・こだわり」ともいえます．「朝目が覚めたらすぐに顔を洗って歯を磨いてから朝ご飯を食べたい」という人と，「朝ご飯を食べてからしか歯を磨きたくはない」という人がいます．これらはどちらがよいとかわるいとかの問題ではありません．その人の「こだわり」なのです．

この「当たり前の生活」を基礎として，その人ならではの生活習慣・こだわりを大切に表現した状態が「その人らしい生活」ということです．

機能障害は「個性」となり，お年寄りに受け入れられる

ところが，「その人らしい生活」が「機能障害」によって脅かされることがあります．視聴覚・身体・精神などの障害，内臓障害などです．ならば，この「機能障害」をなくしてしまおうというのが「医療モデル」です．目標は治療・回復ということとなり，方法はキュア（治療・訓練・処置）となります．

しかし，治らない「機能障害」があることはみなさんも体験的にご存知でしょう．この治らない「機能障害」が「その人らしい生活」に受け入れられ，個性へとなっていくよう，物的・人的関係の環境を整え，本人と共にその変容を産み出すことがわたしたちの仕事「生活支援」なのです．

大切なのは，「機能障害」は最初から個性なのではなく，「個性」になっていくのであり，その過程にかかわるスタンスを明らかにしたのが「生活モデル」なのです．

図5 医療モデルと生活モデルの相違

医療モデル		生活モデル
治癒・回復	目　標	自立 （＝その人らしい生活）
患者（客体）	サービス利用者	生活者(主体)
疾患・障害	業務対象	環境（物的・人的関係）
専門家 （いわゆる先生）	サービス提供者	利用者本人にとって有益な個人（固有名詞）
治療・処置・訓練	業　務	介助・援助・支援
キュア	方法論	ケア
選択していく	専門性のありかた	選択される

「医療モデル」と「生活モデル」最も大きな違いは……

＜サービス提供のありかた＞
医療モデルは，患者とよばれる人物が医療に対する基本的信頼をベースに，医療従事者に主体性を託してサービスが提供されます．
生活モデルは利用者とよばれる人物がより主体性を発揮されたことを受けてサービスが提供されます．つまり，サービス提供のスタイルが異なることから，専門性のありかたが異なってきます．
医療モデルの場合は，対象となるその患者を適応判定の名のもとに選択していく専門性のありかた，これに対し，生活モデルの場合は，主体性を位置づけるその利用者から選ばれていく専門性のありかたです．
「選択していく」のか「選択される」のか，ここが最も大きく異なってくる点です．

生活の場の専門性とは何か

「生活の場の専門性って何ですか？」とよく質問されます．とくに経験を積んだ看護師の方から受けます．一定の資格を取得された職種の方々は，"専門性"を学校で学んだ"学問"にそってのみ考えると混乱してしまうようです．
生活の場の専門性とは，お年寄り・ご家族から選ばれたことに感謝の気持ちをもって，望まれたニーズには必ず応えること，困った人を見捨てない，困った人のための施設であるという軸をずらさないこと．つまり，自分の存在が生活範囲拡大の根源でもある安心の根拠になれる人のことを，専門性をそなえた人であると思っています．

生活の場の専門職とは何か

生活の場の専門職とは，一般的には有資格者を指す場合が多いようです．
髙口は，資格の有無にかかわらず，そのお年寄りや家族がしたいな，してあげたいなと思っているのに，不安や情報不足などでちゅうちょされているとき，「大丈夫ですよ」とその状況に必要な情報や知識をわかりやすく提供し，「やってみよう」というお年寄り・家族の行動動機となるような説明が具体的にでき，それでもまだ最初の一歩を踏み出せないお年寄り・家族に，「あんたがいるから安心だ」と実際の展開を一緒につくりだせる人が，生活の場の専門職だと考えています．
自分のもてる知識・技術を"禁止係"として生活制限に使用するのではなく，自分の存在を"安心"の根拠にして生活拡大につなげていくこと．これが，生活の場の専門職の仕事です．

1-2-2　病院で優秀なヘッドナースが生活支援施設のリーダーになるとき

・医療モデルから生活モデルへ切り替えるときには十分注意しなければならない．

図6　医療モデルから生活モデルへの切り替えの流れ

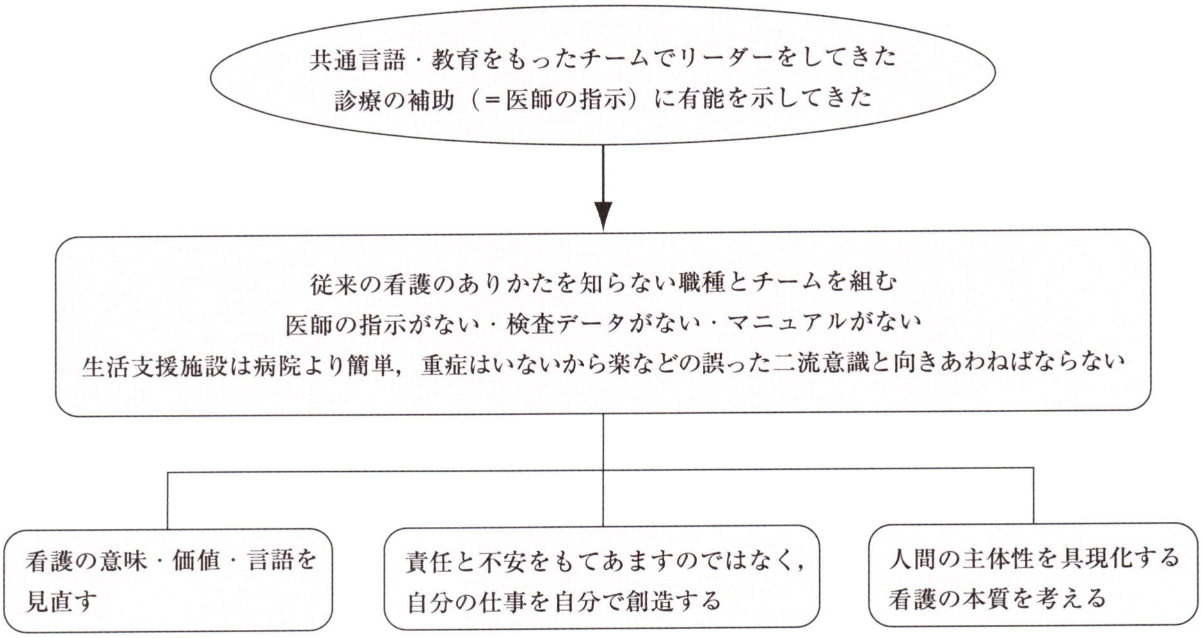

```
┌─────────────────────────────────────────────┐
│ 共通言語・教育をもったチームでリーダーをしてきた │
│ 診療の補助（＝医師の指示）に有能を示してきた    │
└─────────────────────────────────────────────┘
                      ↓
┌─────────────────────────────────────────────────────────────┐
│ 従来の看護のありかたを知らない職種とチームを組む              │
│ 医師の指示がない・検査データがない・マニュアルがない          │
│ 生活支援施設は病院より簡単，重症はいないから楽などの誤った     │
│ 二流意識と向きあわねばならない                               │
└─────────────────────────────────────────────────────────────┘
```

| 看護の意味・価値・言語を見直す | 責任と不安をもてあますのではなく，自分の仕事を自分で創造する | 人間の主体性を具現化する看護の本質を考える |

- 誰もが戸惑う「医療モデル」と「生活モデル」の相違．違って当たり前なのだから，その相違にリーダー（あなた）が気づくかどうか，認識するかどうかで現場は変化する．
- リーダー（あなた）の意識改革が第一歩である．

優秀なヘッドナースだからこそ……

さまざまな施設において，病院でヘッドナースとしての実績を認められ，生活支援施設の看護介護リーダーとして抜擢された役職者の方をよくみかけます．

残念なのは，がんばっているのに，そのがんばりがいつのまにかただの強がりになって，何のためにこんなに強がっているのかもわからなくなるほど，混乱している人が多いのです．

そんな方は，なぜ，混乱しているのかを，ちょっと離れた視点から，組織図や配置図で自分の位置づけを確認してみたり，医療モデルと生活モデルの見直しを行ってみたり，と同僚や職場の仲間と一緒に，わたしたちは何のために何をしているのかを考えることで，ずいぶんすっきりされるのではないでしょうか？

ときには，そんな時間をつくることもリーダーとして必要だと思っています．

部下に意識改革を要求するのなら

部下に意識改革を要求できる人は，自らの意識改革を自ら逃げなかった上司しかできません．自らが気づき，自らが変わることがいかに困難で価値あることか，これを自身の体験をもって知っている人しか，他人に意識改革は望めないですよね．

介護は看護よりレベルが低い？！

生活支援の基本は介護です．そこで働く職員は理事長以下全員介護職です．ナース・ケアワーカーはもちろん，事務職・栄養士・リハビリスタッフ・ソーシャルワーカーなど，そこで働く職員は利用者の生活，つまり食事・排泄・入浴に目を向け，手を出すのが仕事です．

そしてなお，各々の職種の特性を発揮してはじめて仕事は成立し，組織は形成されているといえます．レベルの高低を問題にしているような発想は根本から間違っているのです．

1-3　リーダーシップとは？

- 医療モデルと異なった生活モデルでのリーダーシップである．
- では，生活モデルで求められるリーダーシップを3項目提案する．

1-3-1　誰でもできることを引き出す

- 「ケア」とは，気づく・心配する・考える・行うこと．
- この誰でももっている能力を認めて引き出す＝あなた自身でよいということ．

```
気づく  ・  心配する  ・  考える    ・  行  う
(観察)      (関心)      (創造・想像)  (自発的実践)

言  う  ・  聴  く    ・  伝える   ・  やり通す
```

- 例1：「気づいたわたし（スタッフ）」をリーダーが気づいてくれる

  - 一日中寝てばかりじゃ退屈じゃないかな
  - 寝て食べてもおいしくないよね
  - べたべたしたのっておいしいのかな
  - オムツは気持ちわるいし歩きにくいよね
  - どうして夜中におしっこがしたくなるんだろう
  - 人からハダカ見られるのって嫌じゃないかな
  - 家族はどうでもいいって思っているのかな
  - だいたい何が楽しくて生きているんだろう　　　　など

- 例2：「否定」ではなく「受け止める」

  - 若いスタッフがウンコを食べているお年寄りをみて，「人があんなことをするなんて信じられない」と素直に表現しました．
  - ここでリーダーは「そんなふうには思ってはいけない」「認知症なんだからしょうがないでしょ」などと「否定」的な反応を示さないでください．
  - お年寄りと直接かかわったからこそ体験する自分の感情の動きを素直に表現していくことが，ケアやアセスメントまたはプランニングの基礎として重要です．つまり自分のかかわりからどうしてこのように悲しい・うれしい・信じられないなどの感情をもったのか，そしてこの状況をどのようにとらえ，ケアとして展開していくかを考えることが，家族にはできない「プロの介護」となります．
  - だからこそ自分自身の素朴な感情であったとしても，それがお年寄りに対して，くさい・きたない・わずらわしいというマイナス（－）の感情であったとしても，自分がそう感じたということ，素直に発言したそのことを尊重してください．
  まずは否定から入らないリーダーが必要です．

- 中間管理職に問われているのは，「専門性を高めて……」「意識を統一してから……」ということではなく，以上の誰でもできることの「共同体化」「集団化」「組織化」である．

リーダーシップとは……

・誰でもできることを引き出す

・個性を引き出す

・最終決定は現場に任せる

以上の3つを守り通せるかどうか.

誰にも受けとめられない職場がスタッフを追い詰めます

認知症とよばれているお年寄りの真なるニーズを読みとるのは決して簡単なことではありません.
まずは,そのお年寄りの家族が大切な人（お年寄り）を大切にできなくなった「その理由」を共感的に受け止めることから始めます.
それは,そのお年寄りと生活を共にすることで「何が不快・不安になっていくのか」このことを共に過ごしたスタッフこそが,素直に表現し,その発言や思いが他に受けとめられる過程から,そのお年寄りに近づく方法・視点・意味などをお年寄りと一緒に見出していく.このようにして現場は認知症のお年寄りのケアをつくりだしていくのです.
いいかえると,誰からも受けとめられなかった家族が,あんなにも疲れ果ててしまうのと同じように,自分の素直な思いひとつさえも表現できない,受けとめてもらえないスタッフはどんどん追い詰められ,「どうせ誰にもわかりはしないんだ」という決定的な孤独を体験します.あげくにそのお年寄りとスタッフの二人ぽっちの世界に入り込み,「あなたがいるから,こんなことになる」「あなたならわかるでしょ」というまったく一方的な思い込みにより,それが「どうせわかりゃしないさ」「わかっているのになぜまたやるの」という人を物のように思えてきたり,憎しみへと変化していき,ときに最悪の事態へと展開することもあります.
このような状態になってしまう前にスタッフを受け止め,「家族」でない「プロの介護者」だからできるケアへと導いてあげてください.

「時間割どおりにいかに手早く終わらせるか」に力を注ぐことではない！

時間割どおりに本日のノルマ（＝やらなければならないと思い込んでいる作業項目,オムツ交換の回数や入浴の人数など）を利用者の満足度を無視して,何はともあれやり終えることが何より大事と思い込んでいる人がいます.
手早く,たくさん,ジャンジャンバリバリ,ドンドンすすめられるから,こなすことができるから優れたリーダーだと評価される職場の雰囲気になっていませんか？

1-3-2　個性を引き出す

- 前提条件として，組織・法人は客観的に優れた管理力（労務・防災・行政対応，など）と，主観的に優れた介護力（日常と非日常など）をあわせもつこと．
  スタッフがお年寄りに近づけるシステムを構築する[1]．

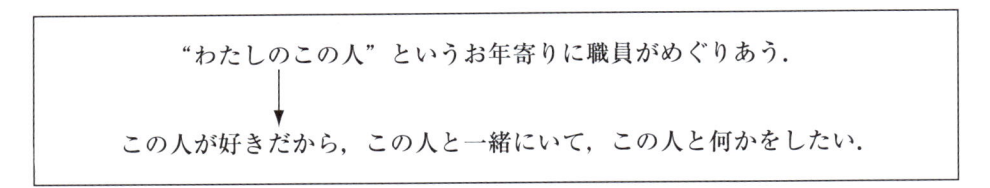

> "わたしのこの人" というお年寄りに職員がめぐりあう．
> ↓
> この人が好きだから，この人と一緒にいて，この人と何かをしたい．

- 問題点志向型ケアプランではなく，目標志向型ケアプラン[2]．
- 仕事として目標志向型のケアプランを施設内で実行できるシステムかどうか．

図5　"思い" が仕事になるという目標志向型ケアプランの流れ

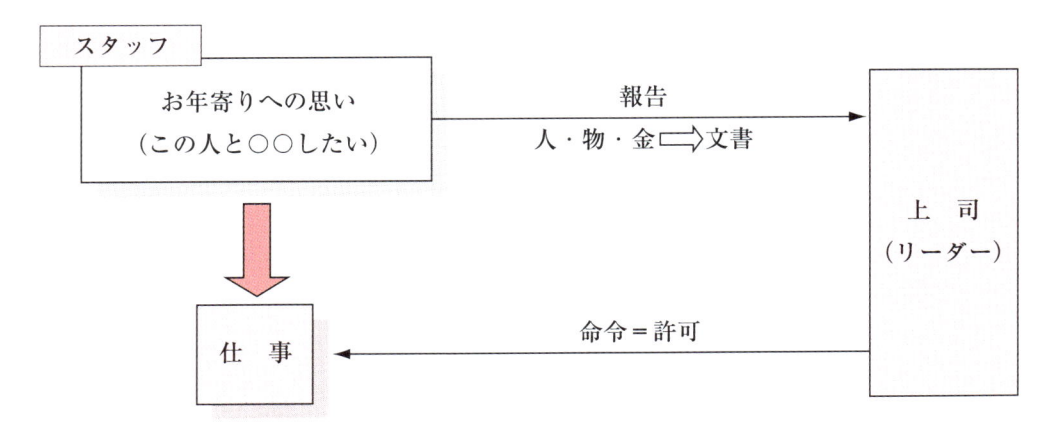

```
[スタッフ]
┌─────────────────┐       報告
│ お年寄りへの思い │ ─────────────────→ ┌──────────┐
│（この人と○○したい）│   人・物・金 ⇒ 文書    │  上　司  │
└─────────────────┘                      │（リーダー）│
         ↓                               │          │
    ┌────────┐          命令＝許可         │          │
    │ 仕　事 │ ←───────────────────────── └──────────┘
    └────────┘
```

---

1) 職員とお年寄りの関係は，図12
2) 目標志向型ケアプランとして外泊・外出ケアプラン（参考資料1）

客観的に優れた管理がよい介護を生み出す

介護の現場では，若いスタッフが毎日毎日食事・入浴・排泄などのケアを通してお年寄りと向きあっています．そんな毎日のがんばりは，社会福祉法人・医療法人という組織の一部であり，それらの組織はスタッフのがんばりを介護報酬という形で行政へ請求し，組織の運営を行っているのです．

そんな自分が働いている組織が行政監査で指導されたり，不正請求によって新聞沙汰になったり，法人としての管理・運営のずさんさを社会的に指摘されたときのスタッフの気持ちを考えたことがあるでしょうか？「現場は毎日毎日がんばっているのに，どうしてこんなことになってしまったんだろう」という，やるせなく情けない気持ちでいっぱいだろうと思います．

こんな気持ちをスタッフに味あわせてはいけません．社会的組織として原則を守る優れた管理によって社会的な位置づけを保護していかなければ，よい介護は生まれてこないのは当然です．

「優れた管理」とは……

＜労務管理＞
・入退職時の条件説明
・明確な雇用契約
・給与・待遇変更の事前説明
・職員評価の透明性

＜防災管理＞
・火を出さない
・火が出ても迅速な対応をする

＜衛生管理＞
・食中毒・感染症を出さない
・食中毒・感染症を出しても迅速な対応をする

＜行政対応＞
・法律を守る
・監査にはきちんと対応する
・税務署を恐れない
・警察を恐れない

「日常」と「非日常」

学会などでの発表は，「お年寄りと温泉に行った」「何十年かぶりのふるさとへ里帰り墓参り」というような「非日常」が熱意あふれる美談として報告されています．

ここで忘れてほしくないのが，「非日常」は穏やかな「日常」があってこそ成立するということ．「穏やかな日常」とは，食事・入浴・排泄を，姿勢・動作・行為にこだわりながら，ひとつひとつ手づくりしていくこと．そこから，ゆるぎない日常が生まれ，かけがえのない非日常へと展開していきます．「非日常」は，決められた行事として消化するための目標ではないことを改めて心にとめおいてください．

- 中間管理職に問われているのは，否定・拒否・見下しではなく，判断・決定・推進，つまり，ちっぽけなわたし（職員）のこだわりを，公（＝仕事＝命令）にすること．

> スタッフたちは，リーダーからの
> しびれるような「命令」を待っています……

毎日繰り返される食事・入浴・排泄は何のために行われるのか，何回オムツ交換したら何があるのか，何十回食事介助したら何がみえてくるのか……？

これらの答え・手応えを介護職は求めています．すべては一人のお年寄りにめぐりあうためであり，「わたしのこの人」という関係づくりの基礎となります．

この「わたしとあなた」という関係から一人ぼっちでは果たせない可能性をつくりだすことができます．

スタッフはお年寄りへの思いから，「この人と○○したい」という欲求にかりたてられ，現場はやりたくてうずうずしています．そんなときに，リーダーはきちんと報告を受け，それを「命令＝許可」という手順を踏んで「仕事」にしてあげてください．

『踊る大捜査線』で柳葉敏郎が織田裕二に「命令」するあの場面をスタッフたちは自分の職場で求めています．

1-3-3　最終決定は現場が行う（一人のお年寄りとのかかわりのなかで）

・最終的にその場・そのとき・そのケアを実施するかどうかは，お年寄りと職員が決定する．そのことを自分の言葉で記録する．

図6　最終決定とは？

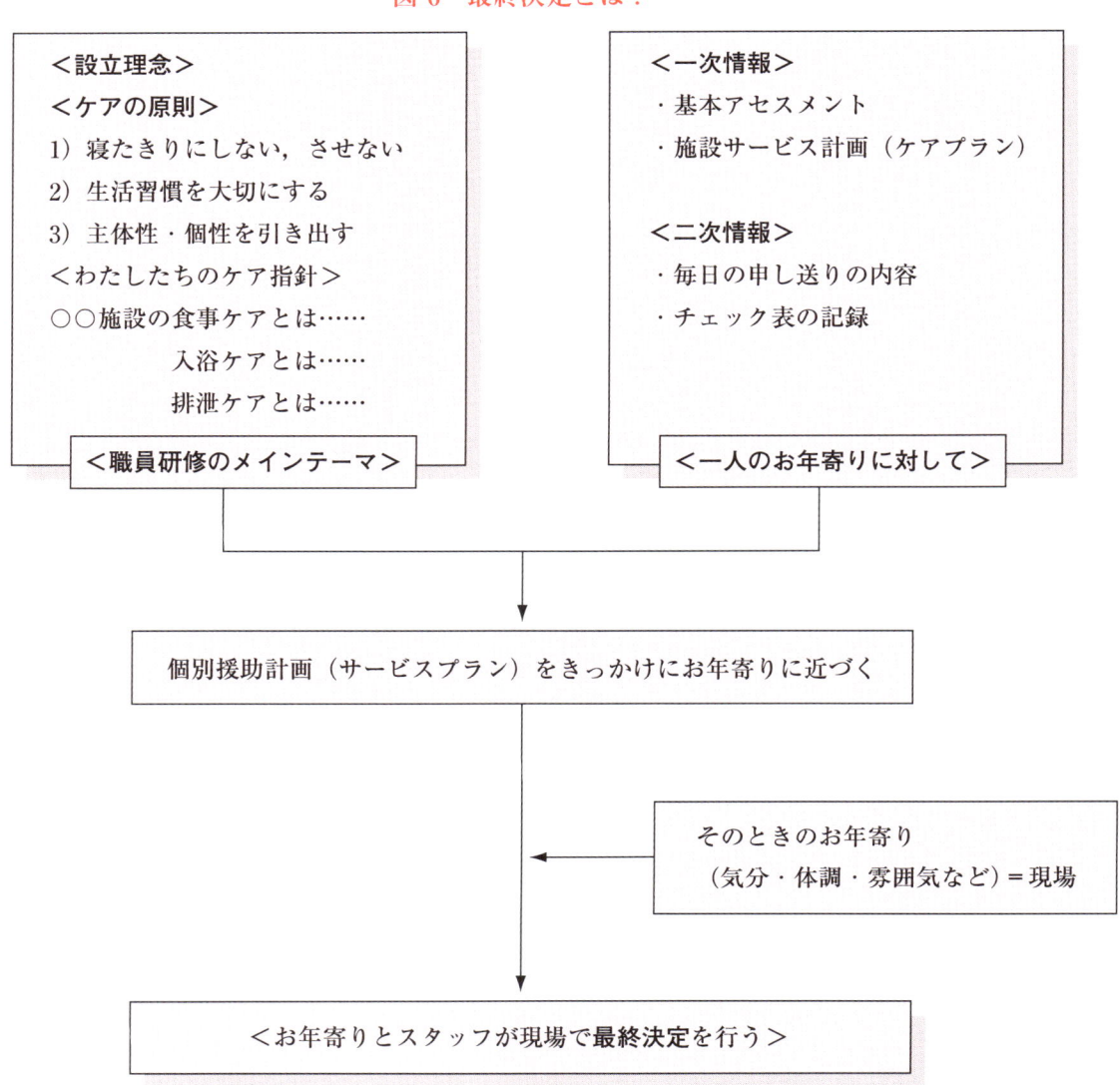

```
┌─────────────────────────┐   ┌─────────────────────────┐
│ <設立理念>               │   │ <一次情報>               │
│ <ケアの原則>             │   │ ・基本アセスメント        │
│ 1) 寝たきりにしない，させない │   │ ・施設サービス計画（ケアプラン）│
│ 2) 生活習慣を大切にする   │   │                         │
│ 3) 主体性・個性を引き出す │   │ <二次情報>               │
│ <わたしたちのケア指針>    │   │ ・毎日の申し送りの内容    │
│ ○○施設の食事ケアとは……  │   │ ・チェック表の記録        │
│         入浴ケアとは……  │   │                         │
│         排泄ケアとは……  │   │                         │
│  <職員研修のメインテーマ> │   │  <一人のお年寄りに対して>│
└─────────────────────────┘   └─────────────────────────┘
                   │
                   ▼
       ┌─────────────────────────────────────────┐
       │ 個別援助計画（サービスプラン）をきっかけにお年寄りに近づく │
       └─────────────────────────────────────────┘
                                         ▲
                                         │  ┌────────────────────────┐
                                         │  │ そのときのお年寄り       │
                                         └──│ （気分・体調・雰囲気など）＝現場 │
                                            └────────────────────────┘
                   │
                   ▼
       ┌─────────────────────────────────────────┐
       │ <お年寄りとスタッフが現場で**最終決定**を行う>        │
       └─────────────────────────────────────────┘
```

・中間管理職に問われているのは，そのケアの結果のみを評価するのではなく，以上の構図を守ることと，「お年寄りとあなたが決めたこと(最終決定)が大切」ということを，繰り返しメッセージすること．

大前提は「お年寄りをしばらない・行動制限をしない」

ケアの原則を職員間で理解し，共有する．

このこと以前に重要なのは，わたしたちは「お年寄りをしばらない・行動制限をしない」という大前提を，法人・事業所・施設の常識とすることです．

マニュアルや職員規則に「お年寄りをつねらない・ツバをかけない」などと表記することはしません．当然のことで，社会人としての常識だからです．この当然の常識を逸脱したときには職員として社会人として人間としてしかるべき制裁を受けなければなりません．行動制限を行うということはこれに匹敵するのだ，ということを施設運営の大前提としてください．

「目にみえる拘束」と「目にみえない拘束」

さすがに手足をベッドにしばる施設はみかけません．

しかし，ツナギの服を着せる，ベッド柵を4本使う，車椅子にベルトで身体をくくりつける，窓・エレベーターを開けられないように改造する，一方的に扉の施錠をするなど，目にみえる行動制限を日常的に行われている施設はまだあるようです．

さらに根の深いのが目にみえない拘束です．具体的には，忙しい雰囲気のためお年寄りが話しかけられない，ぞんざいな口のききかたをする，職員の大声，無視など……．お年寄りが反対にスタッフに気を遣ってしまうような雰囲気になっていないでしょうか？ これも明らかな行動制限です．

リーダーとしては，スタッフが知らないうちにこのような雰囲気をつくってしまっていることに対し，その場そのときの明確な指摘により，スタッフが認識する機会をつくっていかなければなりません．

しばらない技術こそが生活支援の「専門性」である

そうはいっても，お年寄りは徘徊したり，問題行動したりと自分の居場所がみつからず，安定しない人もいます．

そんなときに，お年寄りの手を握り，背中をさすり，言葉をかけること，それが看護・介護であることを徹底します．たとえ施設外に出ていってしまうお年寄りがいても，スタッフが付き添い，それが見張りでなく見守りであること，その違いをスタッフと一緒に考えていくことが重要です．そして，そのお年寄りのためだけに勤務表が再作成されたり，当日の業務内容が変更されたりする．リーダーとしてどのお年寄りからも逃げない，受け入れるという姿勢をみせてあげてください．スタッフと一緒に考えてください．

窓・扉・エレベーターはいつでも・誰でも自由に出入りできるからこそ，当日勤務者の言葉かけが重要であり，何をみて・何に言葉をかけあうのかの学びへとつなげていきます．

つまり，人間として，社会人として当然であり，常識であることを守り抜きやり通すところに，生活支援の専門性があるといいきってください．

1-4 リーダーとしての「かまえ」　～ケアする人をケアするのは誰か～

・お年寄りと職員が確認した最終決定，そしてそれに基づく日常業務がどのような結果となっても，職員を信じ，受け入れる．
　事故などのわるい展開があったとしても，そこにお年寄りと職員がいたかどうかを見極めていく．→→→意味づけ・構図説明・評価の根拠をもっているか．

図9　悪循環が起きる現場の例

現場職員		中間管理職
何をやっているんだか自分でもわからない…… あれでよかったのかな？	×	勝手なことばかりやって…… わたしは聞いていませんでした……

・現場職員は理路整然と状況を報告することはできない．なぜなら，職員はケアする人＝ケアの当事者だからだ．ときに，ケアの意味がみえなくなる．みえないものをみようとするのが介護の基本．
・その「みえないもの」を中間管理職が説明・評価・意味づけをすることができるから，中間管理職としての存在意義がある．
・中間管理職・リーダーからの，説明・評価・意味づけから自分の言葉をもち，方向性を確認し，お年寄りから受け入れられていることにスタッフ自身が気づいたとき，スタッフはのびのびとした表現を行い，元気のよいケアへと展開し，それは記録されていく．

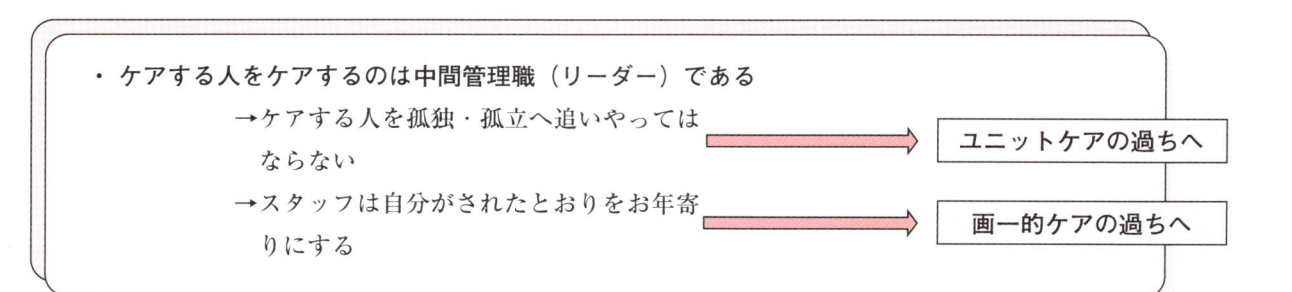

- ケアする人をケアするのは中間管理職（リーダー）である
　→ケアする人を孤独・孤立へ追いやってはならない　⇒　ユニットケアの過ちへ
　→スタッフは自分がされたとおりをお年寄りにする　⇒　画一的ケアの過ちへ

若いスタッフが辞めていくのは……

＜やりがいがない＞
＜目的がわからない＞
＜わたしの気持ちを誰もわかってくれない・独りぼっちだ＞
何のために毎日の業務があるのかわからない．いつまで続くのかと思うと疲れてくる．わたしでなく誰でもよいのではないか．体がしんどくて辛いのではなく，しんどくても楽しいという実感をもったことがない．
介護って何なんだ，という問いかけを誰にもぶつけられない．何だかとてもくだらないことをやっているようで，だんだんお年寄りが嫌いになっていき，そのうち自分のことが嫌いになっていきそう．こんなわたしの気持ちは誰にもわからないし，わかったところでどうしようもない．わたしは独りぼっちだ．
このような気持ちが若いスタッフの心の中に鬱積し，誰からも答えを得られない状態が続くと〔辞表〕へとつながっていきます．
リーダーは毎日の業務の「意味づけ」「構図説明」「評価」を行ってあげてください．それは決して「正解」ではないかもしれませんが，スタッフとリーダーが共に話しあうことから解決の糸口はみつかり，自分には仲間がいる，孤独ではないんだという自信・安心へとつながっていくのです．

ユニットケアの本当のむずかしさ

＜スタッフの孤立・孤独＞
ユニット別にケアを実施すると，スタッフが一人で見て，聞いて，判断して実施しなければならない場面がとても多い．特段のトラブルには至らなくとも場面共有または，同じ体験をもつ人が誰もいないという現実がスタッフを苦しくさせていきます．
＜スタッフ間の人間関係＞
限られた空間で決められた人数で仕事をするということは，一度こじれた気まずい関係から逃れられないという現実を引き起こします．小規模がゆえに人の名前と顔があまりにもせまりすぎた状況では，小さな関係のズレが深刻なズレや溝となり，修復が困難となりやすいのです．
＜男女の恋愛関係・煮詰まり＞
リーダーの介護・看護観，人間観そのものがユニットという小さな世界のなかでケアの指針となり，全体の雰囲気の源となるというのが現場です．こういう場合，ついていくスタッフは一時的にも「わたしのカリスマ」的存在にリーダーをみがちであり，それが男女の性差をともなっていると，「あの人は○○リーダーに惚れている」という噂になってしまいます．こういう話題が好きな若い年代ということもあるのでしょうが……
＜夜勤＞
動線の長さに加え，日勤以上に「決定的に一人」という重圧がかかります．その重さに耐えかね，お年寄りに対し，支配的な行動をとりつづけると，お年寄りかスタッフのどちらかが精神的に疲れきってしまいます．
誰からもみられないケアのモラルを維持できるほど人は強くなく，誰とも共有できないケアの現実をかかえこむ孤独に人は耐えられません．

2 介護リーダー(指導者)に必要な「ケア」技術

～「ケア」を業務にさせない「気づき」「プロ意識」を見出し・育む～

2-1 リーダー(施設)が目指すケアとは？

2-1-1 リーダーとして把握すべき介護の役割分担

- 医療モデルではない生活モデルをベースに概念を整理し，それを前提としたうえで，現場構成を具体的に説明すると以下のようになる．
- 直接処遇の介護のなかでもケアを仕事として着眼するためには，全体像を把握する必要がある（下図）．

図10 ケアの全体

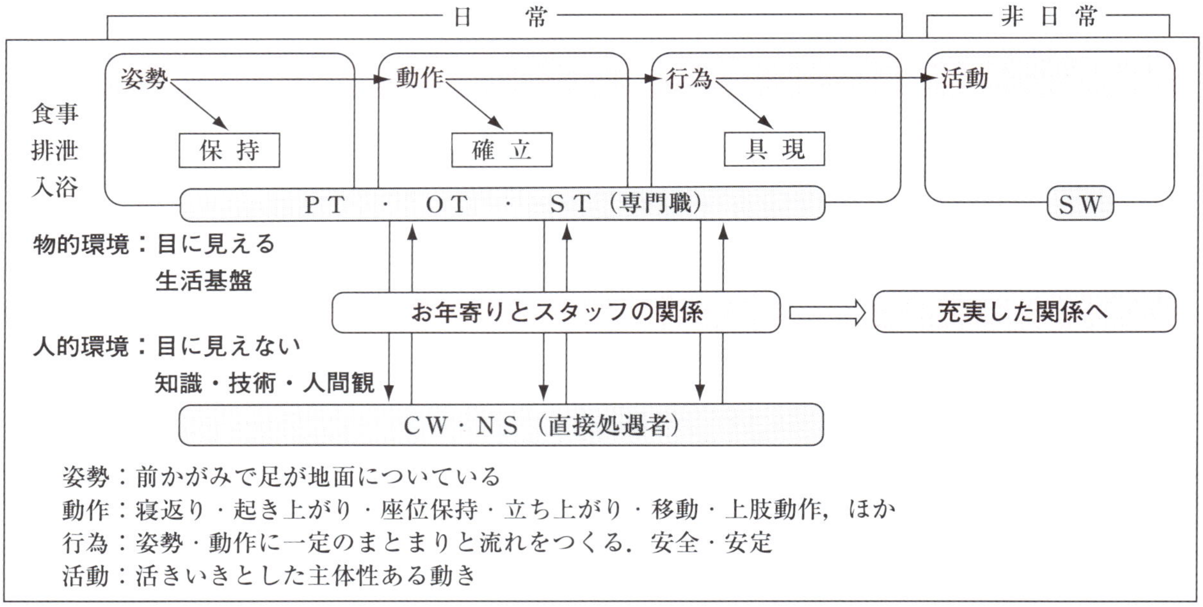

```
―――――――――― 日　常 ―――――――――― | ― 非日常 ―
     姿勢 →        動作 →       行為 →      活動
食事  ┌────┐    ┌────┐   ┌────┐
排泄  │保 持│    │確 立│   │具 現│
入浴  └────┘    └────┘   └────┘
      └─── PT・OT・ST（専門職）───┘        │ SW │

物的環境：目に見える
         生活基盤
                  ┌お年寄りとスタッフの関係┐  ⇒  ┌充実した関係へ┐
人的環境：目に見えない
         知識・技術・人間観
                  └── CW・NS（直接処遇者）──┘
```

姿勢：前かがみで足が地面についている
動作：寝返り・起き上がり・座位保持・立ち上がり・移動・上肢動作，ほか
行為：姿勢・動作に一定のまとまりと流れをつくる．安全・安定
活動：活きいきとした主体性ある動き

- この図で一番大事なのは専門職と直接処遇者ケアスタッフ（CW・NS）の関係がいかに充実するかということ．
- お年寄りとスタッフのよき体験がよい関係を生む．
- たとえば……お年寄りのウンコが出たときに，スタッフにとっては「黄金のウンコ」となるが，それに対してリーダーが「それがどうしたの？」と投げかけているようではいけない．直接処遇の喜びをスタッフとリーダー共にケアの喜びへと変えていくことが必要．

リーダー自身の介護力とは

「介護力がある」というのは，バリバリとオムツ交換をこなし，人体洗浄のような入浴介助，ミキサー食を流し込み栄養補給のみを目的としているような食事介助……決められた流れ作業的な業務をいかに手早くこなすかということが介護ではありません．

リーダーに求められる「介護力」とは，目には見えない介護関係を，目に見える介護技術（ともに身体を動かすトランスファー，認知症とよばれても言葉をこえた意思疎通，寄り添うだけでの安心感など）によりつくりあげる能力です．

そして，これらの技術をリーダーがもっているということだけでなく，部下であるスタッフがもちえた能力・介護技術をお年寄りの力を借りて，介護関係へと発展させていく能力も求められているのです．

「黄金のウンコ」をリーダーはスタッフと共に喜べるか？

大好きなおばあちゃんが「本当はオムツは嫌だ」と言ったのをきき，あるスタッフがポータブルトイレを準備したり，トイレ誘導のタイミングを考えました．

うまくいくはずだった「排泄の自立」が下剤で下痢便，ベッドベトベト．ずり落ち転倒，家族カンカン．気がつけばそのおばあさんに「ごめんな……」なんて言わせてしまっている．他のスタッフも「無理なんじゃない？」と言い出す始末．

「こんなことなら，もうやめちゃおうかな？」と思っていたときに，そのばあちゃんが「ちょ，ちょ，ちょ」とよびます．「どうした？」というと「みてみ」とポータブルトイレを指差します．そこにはとぐろを巻いたウンコがありました．

もうやめちゃおうかなと思ったそのときに，ばあちゃんがウンコをしてくれた．そんじょそこらのウンコとは違う，「黄金のウンコ」なのです!!

2-1-2　お年寄りの生きている実感とスタッフが感じるケアの喜びとは？

・日々の生活を通して，生きている実感がある（下図）．

図11　お年寄りの生きている実感とスタッフが感じるケアの喜び

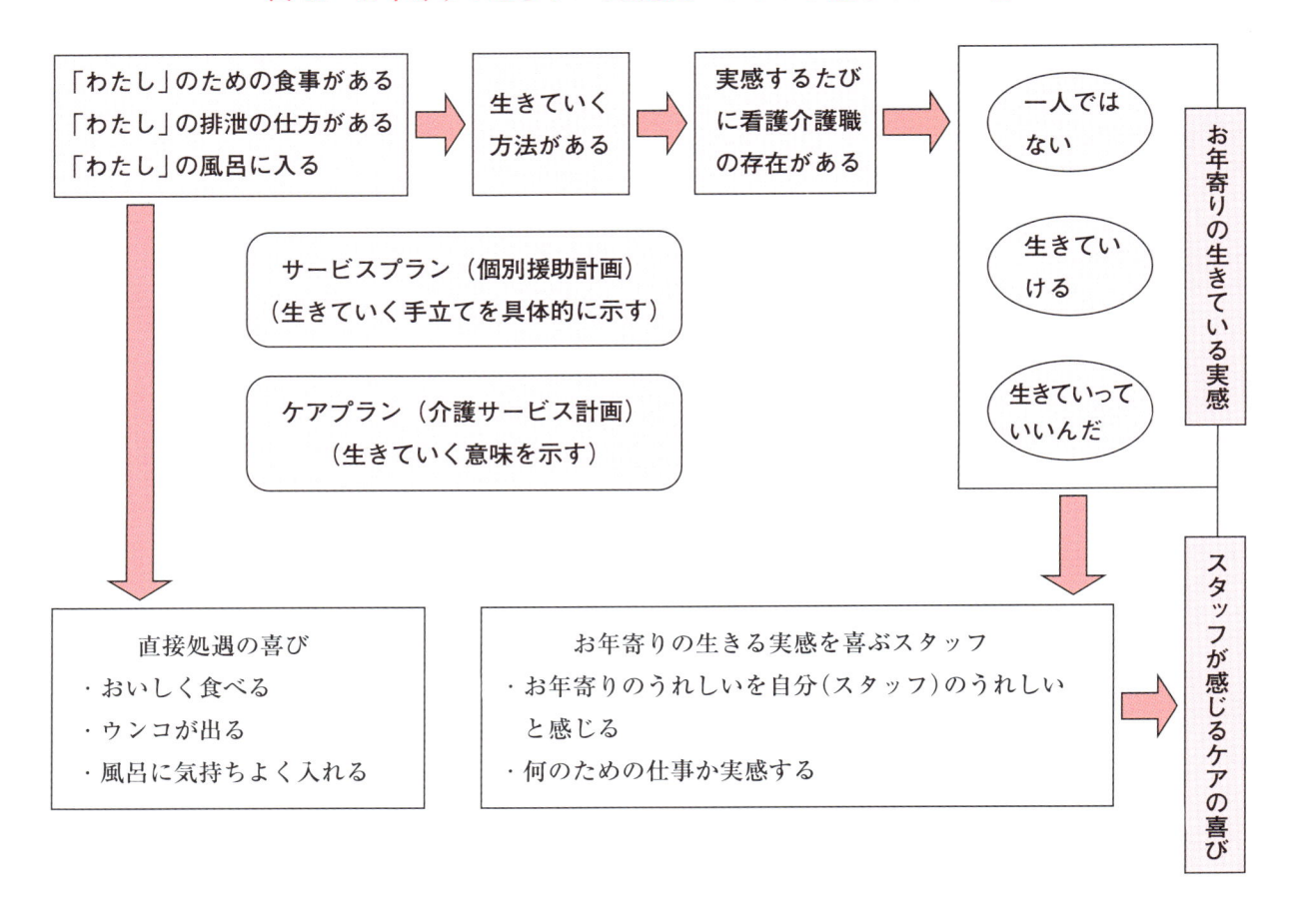

```
┌─────────────────┐   ┌──────┐   ┌──────────┐   ┌──────┐  ┐
│「わたし」のための食事がある │ → │生きていく│ → │実感するたび│ → │一人では│  │お
│「わたし」の排泄の仕方がある │   │方法がある│   │に看護介護職│   │ない  │  │年
│「わたし」の風呂に入る    │   │     │   │の存在がある│   │    │  │寄
└─────────────────┘   └──────┘   └──────────┘   │生きてい│  │り
         │                                    │ける  │  │の
         │         ┌──────────────────┐                │    │  │生
         │         │サービスプラン（個別援助計画）│                │生きていって│き
         │         │（生きていく手立てを具体的に示す）│                │いいんだ│  │て
         │         └──────────────────┘                └──────┘  │い
         │                                                    │る
         │         ┌──────────────────┐                          │実
         │         │ケアプラン（介護サービス計画）│                          │感
         │         │（生きていく意味を示す）   │                          │
         │         └──────────────────┘                          ┘
         ↓                                                       ↓
┌─────────────────┐   ┌──────────────────────┐     ┌─┐
│   直接処遇の喜び     │   │ お年寄りの生きる実感を喜ぶスタッフ       │  →  │スタッフが感じるケアの喜び│
│・おいしく食べる      │   │・お年寄りのうれしいを自分（スタッフ）のうれしい │     │ │
│・ウンコが出る       │   │  と感じる                  │     │ │
│・風呂に気持ちよく入れる  │   │・何のための仕事か実感する          │     │ │
└─────────────────┘   └──────────────────────┘     └─┘
```

・リーダーはお年寄りとスタッフの結びつきを確認し，方向づけを見守る．
・どのお年寄りとどのスタッフが結びつくかは，リーダーの経験を生かし，相性を見抜く．リーダーとしての最大の技術力が必要とされる．
・スタッフは普段の自分がリーダーからどのようにみられているか，どのように接せられているかで，お年寄りへのかかわりが大きく影響される．
・スタッフ自身が認められ・人間扱いされてこそ，生きたケアができる．
・施設のなかでは，上図の関係が毎日のケアのなかで生まれ，お年寄りの数だけある関係，それが共同体となる．
・そのときのリーダーや専門職の位置づけを図にすると図12（30頁）のように表現できる．

「エコヒイキ」「大好きなばあちゃん」がケアの第一歩

スタッフとお年寄りのめぐりあわせは偶然です．お年寄りは，順番がきたからと入所し，スタッフは自宅が近いからという理由で就職します．最初は「キザミ？　トイレ？　オムツ？　歩ける？　くすりある？」といった記号のような申し送りでスタートです．

そして毎日の食事・入浴・排泄を通じて，気になるばあちゃん，大好きなじいちゃんとめぐりあっていきます．

ここで，スタッフはお年寄りに対して，好き・キライ，得意・苦手の感情を明確にもつようになり，記号ではない「人」と向きあいます．リーダーはこのことを否定しません．スタッフが大好きなばあちゃんを徹底的にエコヒイキし，それを介護保険という法律で合法的に行い，契約するのです．エコヒイキの方法を明文化したものが，ケアプラン・サービスプランと考えてみてください．

反対に，大好きなばあちゃんをみつけられないスタッフは，お年寄りのことを「みえていない」状況であるとも言いきれるのです．

わたしたちの施設・事業所は，かかわるお年寄りを全員特別扱い，エコヒイキします．それがわたしたちの仕事です．

図12　施設のなかでのお年寄り・スタッフ・リーダー・専門職の位置づけ

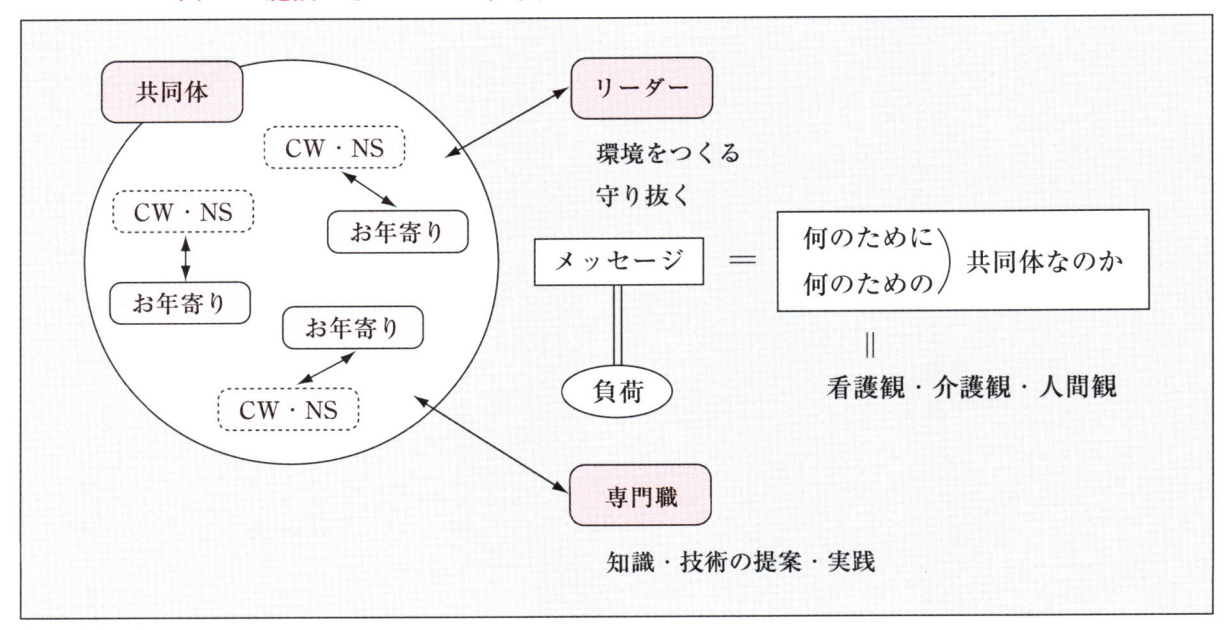

```
                          ┌─────┐
   ┌──────┐              │リーダー│
   │ 共同体 │              └─────┘
   └──────┘           環境をつくる
     ╱──────────╲      守り抜く
    │  CW・NS    │
    │  ↕         │    ┌──────┐      ┌何のために ┐
    │CW・NS  お年寄り│    │メッセージ│ ＝ │何のための ├ 共同体なのか
    │ ↕            │    └──────┘      └         ┘
    │お年寄り        │        │              ‖
    │   お年寄り    │     ┌────┐        看護観・介護観・人間観
    │   ↕          │     │ 負荷 │
    │  CW・NS     │     └────┘
     ╲──────────╱
                          ┌─────┐
                          │専門職 │
                          └─────┘
                       知識・技術の提案・実践
```

- リーダーは，環境をつくる・守り抜く．理学療法士（PT）・作業療法士（OT）・言語聴覚士（ST）・ソーシャルワーカー（SW）・栄養士などの専門職は，そのときに，必要な知識・技術を提案し実践していく．
- リーダー・専門職共にこの共同体に出たり入ったりする．どっぷり浸からない．反対に外からばかりみない（ナースステーションに入ったまま出てこないヘッドナースなど）．

- 施設において，お年寄りや各スタッフならびに自分自身（リーダー）の位置づけを明確にし，それが十分に理解されていなければ，業務改善はできない．

髙口が出会ったよくないリーダーの典型例

いろいろな施設にお邪魔していると，若いスタッフの能力・技術を生かしきれていない，潰してしまっているリーダーに出会うことがあります．
ここでは，その典型例を紹介したいと思います．

何でも「自分のせい」と抱え込み，悲壮感漂う，はかなげなリーダー

根はまじめ．だからこそリーダーに抜擢された．しかし，リーダーになった途端，全体把握や流れ・段取りがつかめず，自分自身の位置づけ・役割が想定できない．
急な欠勤のスタッフがいれば，まず自分で穴を埋め，休日出勤もし，遅くまで残っているタイプ．ちょっとしたクレームも一人で抱え込み，「自分のせい」と言いつつ，他に説明できないので，同じようなクレーム・事故が続く．そして自分のせいとまた自分を責める．
スタッフから嫌われることはないが，あんなに悲しくたいへんなら，リーダーにならないほうがよいと思わせてしまうタイプ．

ハキハキして一見頼れそうだが，場当たり的で不真面目なリーダー

根は不真面目．しかし，声が大きく，はっきりした挨拶などして，表面上のとりつくろい，雰囲気のみのその場しのぎには天才的な対応を示す．よって，不安の強い施設長からリーダーに抜擢され頼られるタイプ．
しかし，場面場面はこなすものの，問題の本質・解決は先送り．スタッフ間の不満は，一人を悪者に仕立ててストレスを発散させる．その悪者をかばう振りでときにいい人になったりする．認知症のお年寄りには冷たいが，口の立つばあちゃんのとりこみがうまいため，妙に評判がよかったりする．完全に相手にかなわないと判断したときの逃げ足は早く，ごまかしかたには学ぶものがあるが，突然泣き出すと手におえない．
すべてが場当たり的なので，振り返ると実績としては何も残っておらず，スタッフが疲弊してしまうタイプ．

「そうでございますね」と接遇はすばらしいが，ここ一番で逃げてしまう表面だけのリーダー

接遇はすばらしい．どこへ出ても恥ずかしくない．大きなミスもなく，勉強熱心なので言わせればそれなりの意見も言うので，順当にリーダーとなる．とくに，看護師長を経験したベテラン看護師に多い．
しかし，長年医師の指示のもとで働いたためか，ターミナル（死）を目前としたここ一番のときに，責任を決してとらない．病院へすぐ送ってしまう．自分の判断で「死」を看取ることができない．これを責任から逃れているとは感じず，当たり前のことと振る舞っている．ここ一番で肝が据わっていないため，スタッフは心からの信頼をもっていない．毎日が「何のためのケア」なのか実感がわいていない．
監査などはやり過ごしてもお年寄りやスタッフの深い満足を提供できないタイプ．

2-2 「食事」「排泄」「入浴」ケアの導入手順と指導のポイント

2-2-1 導入にあたっての基本的なスタート

・現実の「やっている」ケアと理想の「やりたい」ケアを認識できる．
・リーダーの独断的な意見のみではなく，スタッフからの意見が集約できる．
・リーダーは現実と理想の「違いを認識」し，「原因」をつきとめ，「解決方法」を明文化し，実行できる．
・すべてを同時に求めない．スタッフのできる段階・手順・レベルの把握．スケジュールの立てかた．

図13 基本的なスタートに向けて

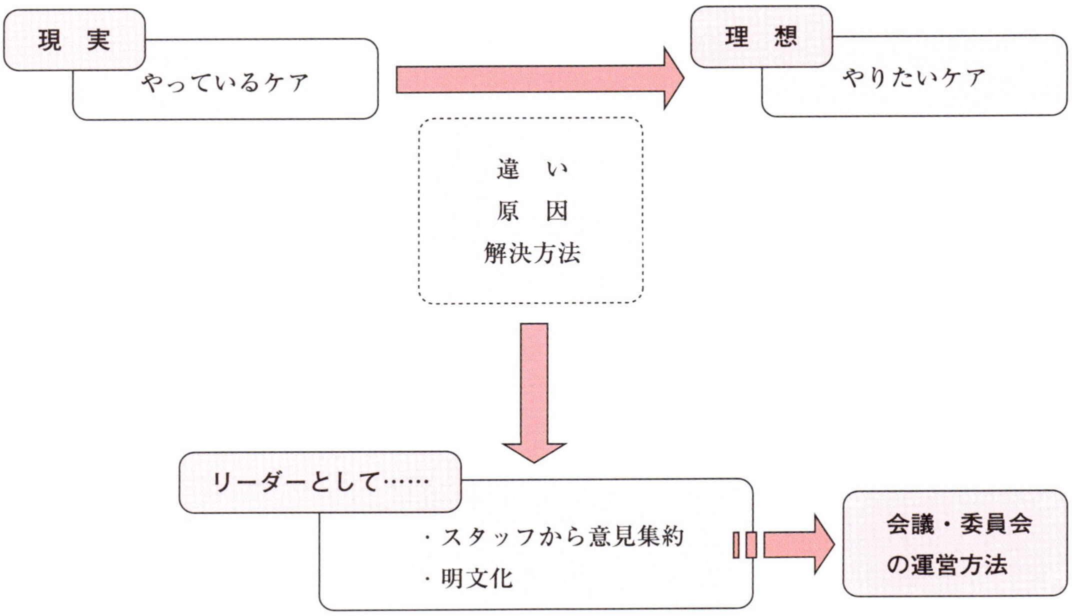

現実 → やっているケア
理想 → やりたいケア

違い
原因
解決方法

リーダーとして……
・スタッフから意見集約
・明文化
→ 会議・委員会の運営方法

・わるい例として
　① 理想論を思いつきのように語り，お金を出さない理事長
　② 生活リハビリの講座を聞き，即やりなさいという施設長
　③ 「変わらなきゃ」と言いながら勤務体制・方法などをきちんと示せない看護介護長

なぜ今のケア（業務）を変えなければならないのか？

「わたしの施設」をよくしようとしたときに，多くの人が，他の仲間やスタッフと意見があわず，「なぜ業務改善する必要があるの？」「今のままで問題ないじゃない」といった抵抗勢力にぶつかることがあります．

「今のままで問題ない」とは，お年寄りは毎日食事・入浴・排泄を繰り返し，スタッフは毎日忙しい．これといった事故やクレームもないのだから，今までどおりで問題はない，という思い込みです．

「何がわるいの？」とは，お年寄りの顔も名前も覚えたし，仕事の流れもつかんだし，何も考えずに次のことができるようになったのに，一体何がわるいのか？　ケアを変えるということは，自分が考えなきゃいけないし，面倒くさい．わたしたちのやってきたことがわるいっていうの？　わたしたちの仕事を否定するの？　という意見です．

そこで，リーダーは考えてみてください．「なぜ，スタッフは辞めていくのか？」「忙しいのは何のために忙しいのか？」「一所懸命仕事しているのに，なぜ達成感がないのか？」

これが，業務改善への取り組みのきっかけです．

今までが否定されるのではなく，今までの取り組みがあったからこそ，ここまできたのだ．ここまで続けてきたからこそ次がみえてきた．

あなたは今のままでいいかもしれないが，次に続く若い人に，「これでいいんだ」と伝えることができますか．

目標は「生活リハビリ」ではない！スタッフが一人のお年寄りに向きあうこと

「生活リハビリ」の講座を聞いて，本を買って，やりかたを習得すれば施設がよくなる，と勘違いをしているリーダーによく出会います．

大切なのは，スタッフが一人のお年寄りにきちんと向きあうこと．そこから，何かをしたい，やりたいと湧き上がってくること．それをやりとおすためのみかた，考えかたまたは方法論として「生活リハビリ」というひとつの提案があるだけです．

つまり，お年寄りとスタッフが向きあうことに無関心であったり，したい，やりたいことを否定している状況では，業務改善そのものが困難であり，そんなリーダーでは，スタッフたちは何も得るものもなく，離れていってしまうのでしょう．

図14 「ケア」が変わるとスタッフ（人）が変わる

リーダーの役割	スタッフの変化

提案 ⇒ きっかけ → **具体的に取り組んでみる**

<業務改善>
- 入浴は1対1の誘導にしよう
- 食事は座って，手と目をあわせ，1対1の食事介助をしよう
- 排泄は排便だけでも座っていただこう

・とりあえず「一人のお年寄り」からやってみよう
・できることからやってみよう

↓

気づいたスタッフに気づく ← **気づく<スタッフ>**

- うれしいね
- すごいね
- よかったね

・すごく喜んでくれた
・いつもとちがった
・本当にできた（した）

↓

意味づけ・構図の説明 → **関心・集中**

<物・人・関係>
- 心と身体が動いた
- 食べてもらいたいという思いを食べた
- 座位排泄と腹圧の関係を実感した

・わたしたちにできることがある

↓

まず，受け入れる ← **考える<全員の気持ち>**

<一人ずつ・すべてを求めない>
- 手順
- 段取りを整理し提示してみる

・業務は変わるかもしれない
・でもどうやって
・こうしてみようか
・通常の業務に支障が出るかな？

↓

やりとおす

・よしやってみよう
・興味をもったメンバーが委員会のスタッフになる

よい施設とは？

「よい施設」の定義はあるのでしょうか？
厚生労働省をはじめさまざまな自治体で，施設の評価を論じていますが，髙口は直感的に以下のような点から，施設の善し悪しをみます．

1) 玄関に入ったときに強い緊張感や疎外感を感じない．
2) 施設全体が人を受け入れる雰囲気をもっている．
3) スタッフがお年寄りに対して興味・関心をもち，それがすれ違いなどの短い会話のなかで常に共有しようとしている．
4) その空間のなかでお年寄りが一番威張っている．
5) スタッフはお年寄りの顔色をいつも気にして，わがままに振りまわされている．
6) わがままなお年寄りに受け入れられたことをスタッフが心から喜んでいる．
7) そういうスタッフをみて，「施設長」が喜んでいる．

2-2-2　食　事：食べる楽しみを大切にしたケア

・現実と理想の整理

図15　「食事」の現実と理想

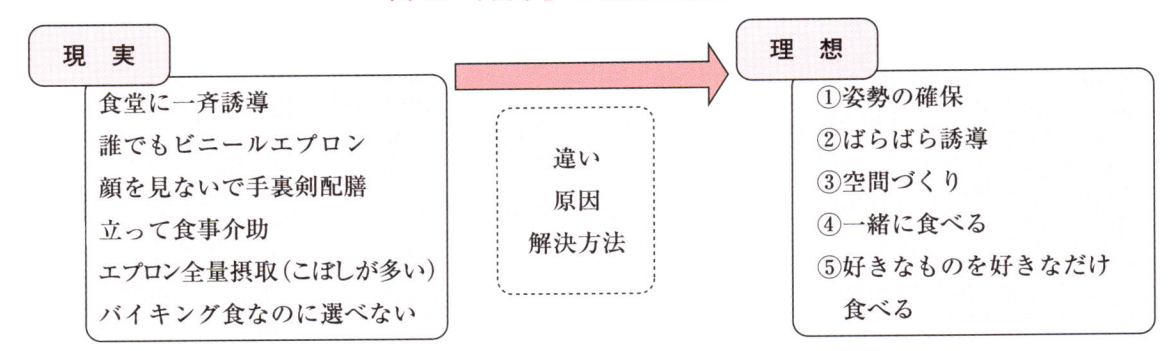

現　実
- 食堂に一斉誘導
- 誰でもビニールエプロン
- 顔を見ないで手裏剣配膳
- 立って食事介助
- エプロン全量摂取（こぼしが多い）
- バイキング食なのに選べない

違い
原因
解決方法

理　想
① 姿勢の確保
② ばらばら誘導
③ 空間づくり
④ 一緒に食べる
⑤ 好きなものを好きなだけ食べる

ステップ1
＜一人のお年寄りから＞
・1対1で食べよう
・座って食事介助しよう
・テーブル・椅子の高さ，スプーンなど物的環境を見直そう
・食べてもらいたいという気持ちを食べてもらう
・自信をもつ
・確信をもつ

ステップ2
＜全員のお年寄りに＞
・食べてもらいたいという気持ちを食べてもらう

＜ばらばら誘導＞
・誘導手順を見直そう
・他の業務（とくに厨房）と調整が必要
・まずは，昼食（スタッフの人数が揃いやすい）から始め，朝食・夕食の順にばらばら誘導を進めよう

ステップ3
＜おいしい空間づくり＞
・どういう雰囲気の食堂にしようか
・好きなものを好きなだけ食べてもらいたい
・バイキング食はどうか……それともどんな方法にしようか

食事と栄養補給は違います

「よくない施設」の例として，経管栄養（鼻腔・胃ろうなど）を一方的に行う施設があげられます．現実的には，最高責任者である「医師」が生命を守る立場から，確実な栄養補給を実施・継続するために提案するのでしょう．

しかし「口から食べる大切さ」を生活を守る立場から，わたしたちはそれを知らない「医師」に訴えていかねばなりません．

人の摂食・咀嚼・嚥下に大きく影響するのが，姿勢・覚醒・反応であることは誰でも知っています．しかし，それらを引き出すのは「この人に食べてもらいたい」という人とのかかわりが大きく影響します．このことを知らない医師もいれば，主観的で不安定なものに重要な栄養補給を託すことはできないと判断する医師もいます．

そこで，まずわたしたちは未経験で学習していない医師に対し，摂食・咀嚼・嚥下・食欲は人とのかかわりで変わっていく事実をみせなければなりません．医師の診断をわたしたちが正しく理解していくように，医師にも介護状況を正しく理解していただかなければ，正しいカンファレンスは実施できないのです．

バイキング食はなぜよいか？

食事にバイキング食をとり入れている施設があります．

この場合，「バイキング」という食事形式が目標ではなく，結果的に「バイキング」を採用したといったほうがよいでしょう．

つまり，バイキングを採用すると以下の効果が生まれるからなのです．

① 一度に大勢のお年寄りを食堂に連れてくることができなくなる
   （→ばらばら誘導のきっかけとなる）
② お年寄りが目でみて好きなものを好きなだけとることができる
③ スタッフとの1対1のかかわりで場面づくりができる
④ 食堂がゆったりとした雰囲気になる
⑤ 配膳車が不要になる
⑥ 調理師・栄養士などがお年寄りと一緒にいることができる（配膳業務から解放される）

食事が勤務体制を考えるときの要です

食事は一日のなかで，おおむね3回行われ，勤務体制を考えるときの要となっていきます．それは，食事がお年寄りの一日の生活リズムの基軸となってくるからです．

そして，食堂はそこで暮らす人々の集う場所として，空間づくりにも大きく影響していきます．

ユニットケアやグループホームなど，小規模になればなるほど，食事の提供のしかた，つまり食堂の雰囲気が「よい施設」という評価に影響していきます．

2-2-3　排　泄：オムツよりトイレでの排泄を基本としたケア

・現実と理想の整理

図16　「排泄」の現実と理想

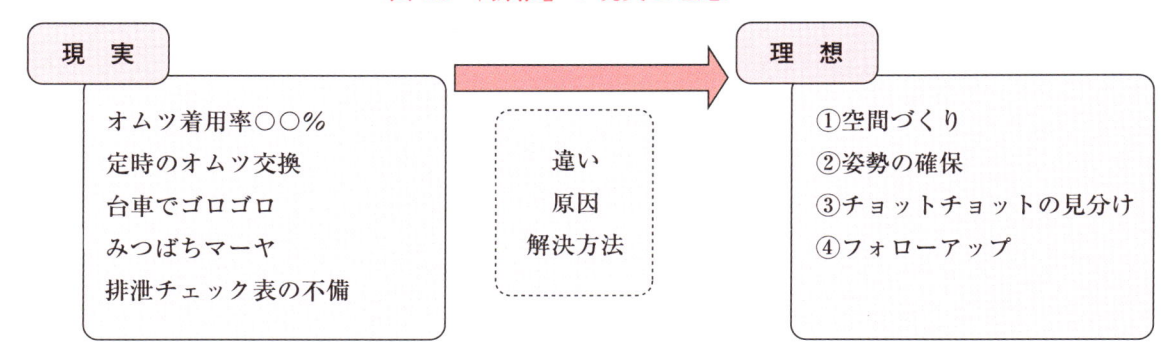

現　実		理　想
オムツ着用率○○％ 定時のオムツ交換 台車でゴロゴロ みつばちマーヤ 排泄チェック表の不備	違い 原因 解決方法	①空間づくり ②姿勢の確保 ③チョットチョットの見分け ④フォローアップ

ステップ1

＜トイレをきれいにする＞
・トイレが汚い・臭う施設でオムツはずしは無理
・備品の見直し

ステップ2

＜目にみえる尿意・便意にきちんと対応＞
・チョットチョットのしぐさから，排泄のタイミングを読みこむ
・排泄最優先の原則

＜一人のお年寄りのパターンをつかむ＞
・好きなお年寄りを選ぶ
・そのお年寄りに対して，スタッフ全員がかかわる
・スタッフ全員がおおまかに，好きなお年寄り一人の排泄パターンを読み込む

ステップ3

＜パターン以外の排泄を知る＞
・パターンに関連している要素を感じ取る．
・その日の勤務者全員がパターンを共有できる（申し送り・チェック表の活用）

＜お年寄り全員に＞
・対象を少しずつ（一人ずつ）増やし，お年寄り全員のパターンをつかむ
・3～5年かかるのが一般的（焦らない）
・終わりがないことを覚悟する

排泄ケアの終わりなき苦しみ

入浴は，お風呂に入る・出るという，明らかな始まりと終わりがあります．

食事は，一日に3回という目安があり，食べた・食べないという結果が明らかです．

ところが排泄は，排泄パターンという目にはみえない尿意・便意そのものを読み取り，それを理屈と直感で仲間と共有するという課題が繰り返されます．

さらには，排泄パターンをつかんでいるものだけが認識できる「排泄パターン以外の排泄」もあります．

この「排泄パターン以外の排泄」がなぜ行われたのかの読み取りが，お年寄りの生活リズムの読み取りとなり，プロの介護へ昇華していきます．

このように，排泄ケアには目には見えないものへの共感と理解，それを根拠としたお年寄りとのかかわりの継続という，ケアの本質的要素が要求されます．

排泄には明確な終わりはありません．しかし，それにきちんとかかわっていくことで，スタッフの介護力を高めていくのです．

2-2-4　入　浴：お風呂がゆっくり・楽しみとなるようなケア

・現実と理想の整理

図17　「入浴」の現実と理想

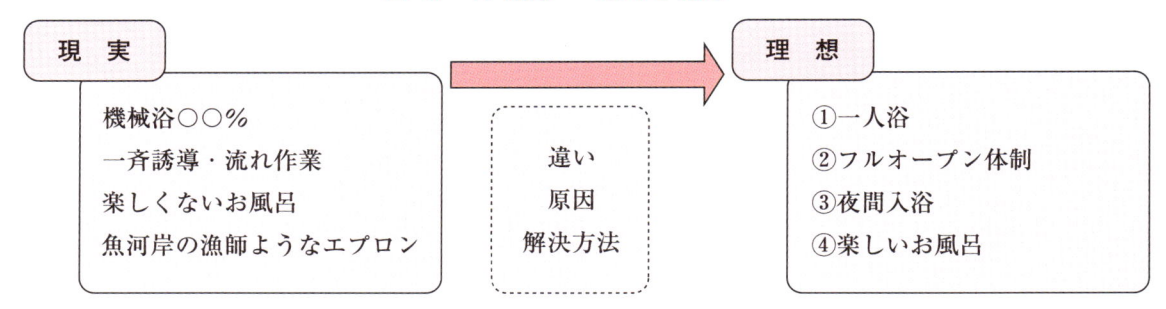

現　実
- 機械浴○○％
- 一斉誘導・流れ作業
- 楽しくないお風呂
- 魚河岸の漁師ようなエプロン

→ 違い／原因／解決方法

理　想
① 一人浴
② フルオープン体制
③ 夜間入浴
④ 楽しいお風呂

ステップ1

＜スタッフ（入浴委員会）の技術習得＞
- 一人浴槽の準備（手づくりでも可）
- スタッフ同士で練習
- はじめは入浴委員会だけで可

＜一人のお年寄りから＞
- 「この人にお風呂に入ってもらいたい」と思うお年寄りを選ぶ
- 自信をもつ
- 確信をもつ「お風呂ってすごいんだな」

ステップ2

＜全員のお年寄り＞
- 入浴委員会が全員のお年寄りの入浴を体験する
- マニュアル作成

＜入浴委員＋一般スタッフ＞
- 入浴委員と一般スタッフの組み合わせで好きなお年寄りの一人浴を体験
- 全スタッフが好きなお年寄りの一人浴を体験する
- 自信・確信をもつ

ステップ3

＜1対1誘導＞
- 中介助・外介助なし
- 他の業務との調整＜業務改善の始まり＞

＜フルオープン体制の準備＞

＜夜間入浴の準備＞

一人座位入浴の効果はバツグンです！

業務改善の第一歩として，入浴ケアの改善をお勧めしています．それは，できるできないが明確でスタッフの達成感が得られやすいのが最も大きな理由です．

ここに，新聞に掲載された入浴ケアの実例を示します．また，巻末には，その改善にかかわったスタッフの手記を掲載しておきます（参考資料2参照）．

2003年（平成15年）3月7日（金曜日）　夕刊読売新聞

ストップ機械浴　安心の設計

「1人浴」で笑顔戻る　介助も楽に

脱・人体洗浄　リハビリにも効果的

「安心して入浴できます」と，生活リハビリ推進室長の富口光子さんが説明する。

以前の入浴設備は，多くの施設と同様，大型浴槽と機械浴の二種類だった。だが，大型浴槽は利用できない人が多く，次第に機械浴に頼ることが増えた。ストレッチャーで次々とお年寄りを運び込み，寝かせたまま脱衣係が衣服をはぎとり，昇降機に乗せ，入浴係が洗い，浴槽に沈める。効率重視の流れ作業で，お年寄りには一切手を出させなかった。

「入浴ではなく人体洗浄」。「お年寄りの能力を生かしていない」。そんな反省から「一人浴」が導入された。

重要なのは，お年寄りに自分で入浴する喜びを味わってもらうこと。職員は，無理に抱えたりせず，いすの位置やつかまる場所を工夫し，誘導する。

まま脱衣係が衣服をはぎと昇降機に乗せ，入浴係が洗い，浴槽に沈める。効率重視の流れ作業で，お年寄りには一切手を出させなかった。

湯ったり

「自分でお風呂に入れるっていうのは，いいねぇ」と，左半身が不自由な■■さん（72）は，一人用の小さな浴槽にすっぽりはまり込むように，肩まで湯につかって満足そうな笑顔を見せた。

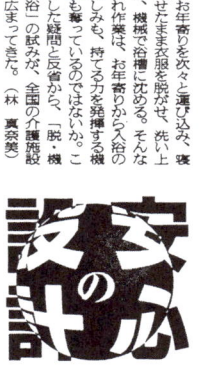

静岡県富士市の老人保健施設「きょうの郷」。一昨年夏から「機械浴をなくそう」を目標に，お年寄りが一人ずつ小型浴槽に入る「二人浴」の導入を進めてきた。専用浴槽が七つある。

「はい，ここにつかまって。足をお風呂に入れてください」。車いすで浴室に入ったお年寄りが，職員の横のシャワー用いすに移り，浴槽の縁を支えながら湯に身を沈め，ホッと息をつく。

介護施設に多い銭湯のような大型浴槽は，体の不自由な人にとって出入りが困難な上，中で体が浮いてしまうになる。障害に応じた入り方ができ，姿勢も安定する。

この小型浴槽は誰でもらくに入れる方式。介護をうける人を，担架にあおむけに寝かせたまま，機械で浴槽に入れる方式。担架を昇降機で上下させるものと，浴槽自体がせり上がってくるものがある。最近では，「寝たまま」は不自然だから，車いすに座って入るタイプも登場している。

案ずるより

「のんびりできて，お風呂も大好き。私はまだ長風呂なの」。一人浴と言っても，始めてみたら逆だった。機械浴だった■■■さん（82）は「なすがまま」だったが，一人浴では自力で動き，タオルを渡せば自分で洗う。座った姿勢なら，衣類の着脱もかなり自分でできる。

「機械浴では，職員が全部やっていたから，すごい重労働でした。一人浴だと，少しがないでしょう」と，宮田信之課長。

入浴は，週三日，朝昼晩続けるのが，施設介護の基本。「在宅の生活をそのまま継続するのが，施設介護の基本。機械浴をしないという九七年の開所以来の方針で，やはり一人浴を実践している。茨城県下館市の老人保健施設「ごきょうの里」も，機械浴をしないと何かと「世話」を焼いてしまう入浴動作が効果的な機能訓練。「お風呂が大好き」という■■さん（80）は，いつの間にか車いすが必要なくなった。

波及効果

お年寄りを次々と選び込み，寝かせたまま衣服を脱がせ，機械で浴槽に沈める。そんな流れ作業を，お年寄りから入浴の楽しみも，持てる力を発揮する機会も奪っているのではないかとうした疑問と反省から，「脱・機械浴」の試みが，全国の介護施設で広まってきた。（林 真奈美）

介護副主任の鉄塚昌範さん（27）は，「機械浴のように忙しくないので，お年寄りとゆっくり会話できる。体の状況もよくわかる。それは，排せつ介助やほかの場面でも生きてくる。入浴介助を変えたら，施設全体の介助が変わった」

たりする力もいらない。ずっと楽なんです」と，職員の加藤ひで子さん（24）。

お年寄りの表情も変わってきた。「自分でお風呂に入れるようになって，とても自信がつきました。春には旅行に挑戦するつもり」と，リハビリに励む百人中二十数人いた機械浴の利用者は，一人もいなくなった。

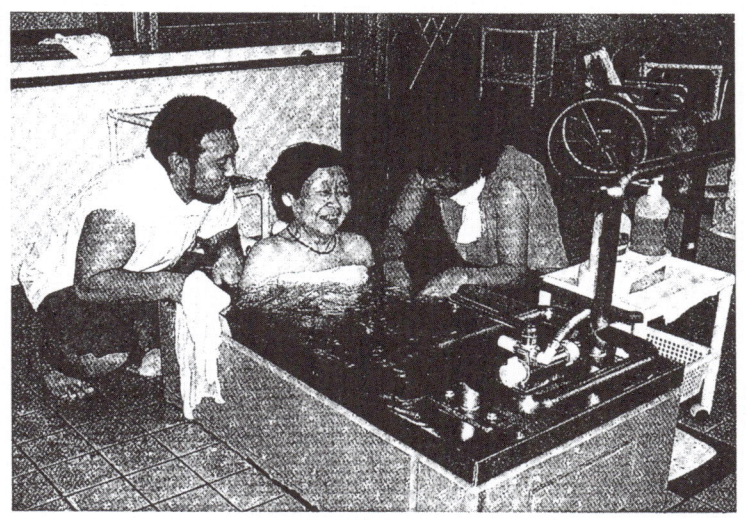

▼「のんびりできて，お風呂も大好き。私はまだ長風呂なの」。一人浴を楽しむ■■■さん（茨城県の「ごきょうの里」で）

（この記事・写真等は，読売新聞社の許諾を得て転載しています）

2-3　業務としてケアを確立していくために

2-3-1　流れ作業とならない「その人らしさ」を大切にするために

・スタートの時点ですべてを求めない．
・まずは，一人のお年寄り・特定の（興味がある）スタッフから試験的な実施．→エコヒイキの常識化へ．
・「エコヒイキ」が日常の業務でできる「勤務表」の組み立て．
・他専門職との連携．
・リーダーがどっしりとした「かまえ」をもつ．新しい試みをするときのスタッフなどの不安・心配を支え，受け止める．つまり，万が一の場合の責任をとる覚悟．
・リーダー自身の技術・知識の裏づけ（できなければ一緒に勉強）．
・入浴ケアから始めて排泄ケアまで到達するのに，3〜5年はかかると覚悟する．

わるい例として……
① 委員会を無理やり設立させ，スタッフ全員が何らかの委員会活動をするよう強制している．自発的でない．
② 最初からすべてを求めている（初めは一人のお年寄り・大好きなお年寄りから）．

図18　業務改善の手順

取り組み順位	項目	主な理由	その他
1（2）	入浴ケア	・結果が明確である ・スタッフの充実感が仕事へのやりがいとつながる ・勤務づくりがわかりやすい	・トランスファ技術の向上にもつながる ・物的環境の整備が必要なため，費用がかかる
2（1）	食事ケア	・生活リズムへの取り組みとなり，お年寄りを深く理解するきっかけとなる ・職員間の言葉かけの重要性がわかる ・生活動線に気がつく	・ローコストで取り組みができる ・1対1の食事ケアを作るためにチームで動くことから，日によってのチームの変動の大きさを実感する
3（3）	排泄ケア	・尿意，便意という見えないものへの取り組みのため，時間・根気・技術が必要 ・やり通す意味を知る	・終わりがない ・プロの介護職となる

※カッコ内は業務改善に費用がかけられない際の取り組み順位

業務改善は本当に時間がかかるんです

　介護について考えたことも話しあったこともないような施設が取り組む場合には，食事・入浴・排泄ケアが全体的にレベルアップするには，おおむね3年はかかります．
　まず，入浴ケアの実践により，①話しあいの場をもつこと，②話しあいにスタッフが参加すること，③わたしたちが介護するという実感をつかむ，この3項目をクリアしていきます．
　さらに，次に食事ケアを通して，①仲間づくりとリーダーの必要性，②やりたいケアを伝える・やりとおすためのシステム，③守りたい現場があるからこその組織づくり，へと展開していきます．
　そして，プロの介護を排泄ケアで実践し，体験し，後輩へつなげていく．ここまでが業務改善です．これらの項目は与えられるのではなく，自分たちでつくりあげるということが重要である点からも，一朝一夕に手に入らないことをリーダー自身が肝に銘じてください．

2-3-2　日常業務の見直しから実践・定着まで

・具体的な流れを入浴の業務改善を例として示す（下図）．
・一例的にお年寄りが一人座位入浴で入れたとしても，すべてのお年寄り，すべてのスタッフが達成でき，勤務表も変化していかなければ本来の業務改善が達成できたとは判断できない．

図19　日常業務の見直しから実践・定着までの流れ（例：入浴）

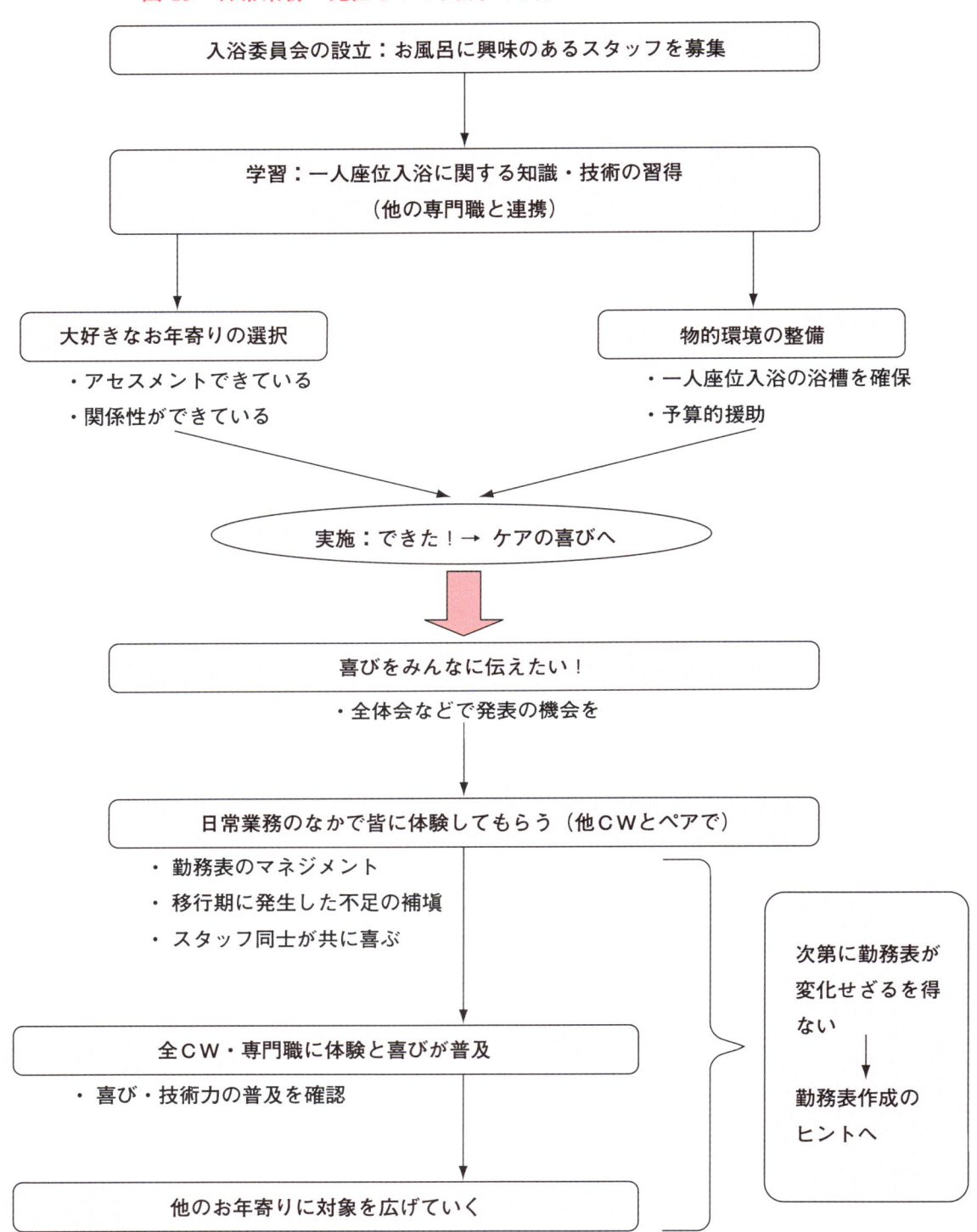

```
┌─────────────────────────────────────────────┐
│ 入浴委員会の設立：お風呂に興味のあるスタッフを募集 │
└─────────────────────────────────────────────┘
                      ↓
┌─────────────────────────────────────────────┐
│ 学習：一人座位入浴に関する知識・技術の習得        │
│        （他の専門職と連携）                     │
└─────────────────────────────────────────────┘
         ↓                              ↓
┌──────────────────┐          ┌──────────────────┐
│ 大好きなお年寄りの選択 │          │ 物的環境の整備     │
└──────────────────┘          └──────────────────┘
 ・アセスメントできている          ・一人座位入浴の浴槽を確保
 ・関係性ができている              ・予算的援助
                      ↓
         ( 実施：できた！→ ケアの喜びへ )
                      ⬇
┌─────────────────────────────────────────────┐
│ 喜びをみんなに伝えたい！                       │
└─────────────────────────────────────────────┘
 ・全体会などで発表の機会を
                      ↓
┌─────────────────────────────────────────────┐
│ 日常業務のなかで皆に体験してもらう（他CWとペアで）│
└─────────────────────────────────────────────┘
 ・勤務表のマネジメント
 ・移行期に発生した不足の補填              次第に勤務表が
 ・スタッフ同士が共に喜ぶ                  変化せざるを得
                      ↓                  ない
┌─────────────────────────────────────┐     ↓
│ 全CW・専門職に体験と喜びが普及         │   勤務表作成の
└─────────────────────────────────────┘   ヒントへ
 ・喜び・技術力の普及を確認
                      ↓
┌─────────────────────────────────────┐
│ 他のお年寄りに対象を広げていく          │
└─────────────────────────────────────┘
```

業務の見直し＝勤務表の見直し

新しい介護の方法を，一人のお年寄りと一部のスタッフ（入浴委員会など）が体験したり，体得したりします．

それを他のお年寄りやスタッフに伝えるために，研修会・勉強会を実施することもひとつの方法ですが，日常業務のなかで体験・体得する機会をつくらなければ，どうしても無理がきて「いい介護は勉強したけど，現場ではできっこない」とスタッフは思い込んでしまいます．

やりたい介護のために，スタッフの意思と技術の状況でリーダーの判断により，「おためし」も含めて，勤務体制を変えていきましょう．スタッフの意思と技術の裏づけをもった勤務表が「やりたい介護」の実感・達成感へとつながっていきます．

勤務表の変えかた＜入浴の例として＞

まずは，業務改善前の現行の通常業務のなかで「毎日一人のお年寄りに新しい入浴をやってみよう」という視点で勤務表を組んでみましょう．これは，おおむね3か月を目処にすべてのお年寄り，スタッフが新しい入浴を体験・体得できます．

つぎに，1対1の一人座位入浴をこれからの現場の通常業務にするために，「フルオープン体制」を考えます．入浴時間を午前・午後・夜間の3枠で検討するのです．

仮に50人のお年寄りに最低週2回の入浴をしていただくには，

$50（人）\times 2（回／週）＝100（人・回／週）$

100回の入浴を確保します．

1週間＝7日，午前・午後・夜間＝3枠と考えれば，

$7（日）\times 3（枠）＝21 ≒ 20（枠）（余裕をもたせて）$

$100（人・回／週）÷20＝5（人）$

つまり，1枠5人のお年寄りが入浴すれば，よいことになります．

しかし，夜間に5人は多いと判断して3人にしたり，午前中は4人ぐらいでいいと判断すれば，午後浴に3人加えるなど，その施設の実状に応じて加減していきます．そしてそこに，スタッフを午前は早出1人，午後は遅出2人，夜間は夜勤1人または準遅出1人などと加えていくのです．

やりたい介護のために勤務体制を変えていくのです．

	月	火	水	木	金	土	日
午前	5▶4 −1						
午後	5▶8 +3						
夜間	5▶3 −2						

ここで体験した「やりたい介護のために勤務を変更するという体験」は後に，食事ケアの見直しによる休み時間の変更，早出・遅出の出勤時間の変更へとつながっていきます．

そして排泄ケアの見直しが，このバラバラ出勤・休憩の意味と役割を明確にしていくのです．

2-3-3　勤務体制づくりのポイント

・日常業務を見直し始めると，勤務表を変更せざるを得ないことに気づく．その延長が勤務体制づくりの学びとなる．
・ベースは「食事ケア」の動き．食事時間をおおむね2時間とし，その間のばらばら誘導導入により，スタッフの出勤時間・休憩時間のばらばら取得．
・フルオープン体制導入により，「入浴日」の限定がなくなる．
・今までの勤務表にありがちな，入浴専門のパート，中介助・外介助などの部分的なスタッフは存在しなくなる．
・業務改善の過程で変更をみんなで取り組み考えた勤務表でない限り，定着しない勤務表となってしまう．リーダーはその自発的な動きをじっくりと待つこと．

・「やりたいケア」をすると「勤務表」までも変えられるんだ！
　　→現場のスタッフの「やりたいケア」を実践していくと，変わることはないと思っていた勤務表や出勤時間までも変えられることを実感する
　　→「わたしたちのケア」を自分たちでつくりだせる喜び

➡ やりがいのあるケアへ

> **勤務表は変化しつづけるもの
> その変化が施設が変わった証です**

介護業務は，誰かが最初につくったもので，入職したスタッフはそれを引き継ぎ，繰り返して定着していきます．

その介護の定着化・固定化がいっそう強くなると，これは変えてはいけないものだ，これを変えるには，立派な代替案や実践力が必要で，ときには他のスタッフから嫌われるかもしれない，という強い思い込みが発生してしまいます．そしてそれは，「いま目の前のお年寄りへの介護」をしにくくさせているのです．

やりたい介護のためには勤務表は変えていいんだ！　ということを，リーダー自身が示すことが大切です．そのやりたい介護をより具体的に体験としてスタッフ同士が共有することから，「やりたい介護」は「自分たちがやっていいんだ」という気持ちの変化につながっていきます．

そして振りかえってみたときに，勤務表の変わった枚数・変化のしかたが，施設の変遷をも示しているのです．

図20 時間の経過と各スタッフの動き（例：シルバー日吉）

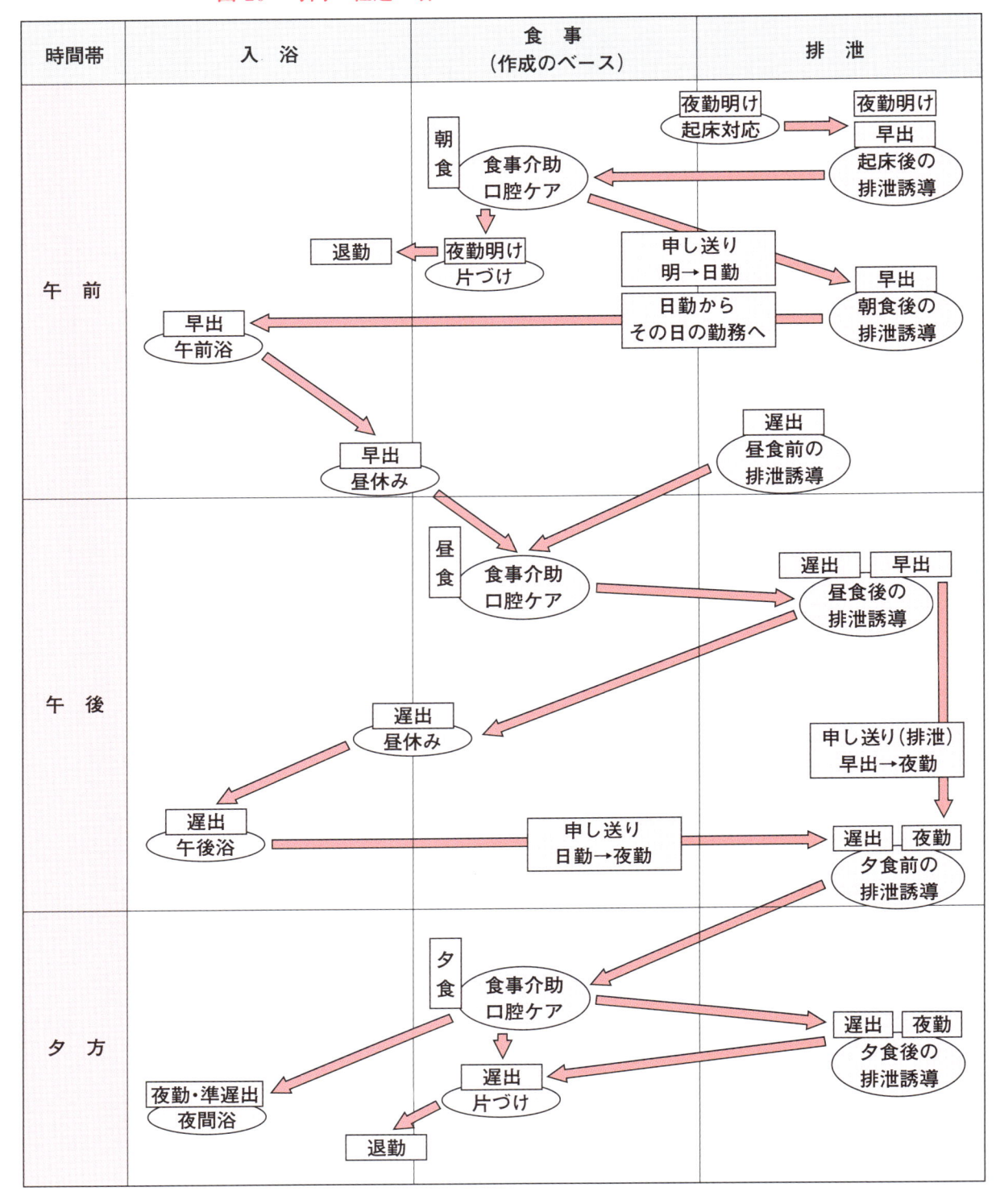

時間帯	入　浴	食　事 （作成のベース）	排　泄
午　前	早出／午前浴 → 早出／昼休み	朝食：食事介助・口腔ケア／夜勤明け・片づけ／申し送り 明→日勤／日勤からその日の勤務へ／退勤	夜勤明け・起床対応／早出・起床後の排泄誘導／早出・朝食後の排泄誘導
午　後	遅出／昼休み → 遅出／午後浴	昼食：食事介助・口腔ケア／申し送り 日勤→夜勤	遅出・昼食前の排泄誘導／遅出・早出・昼食後の排泄誘導／申し送り（排泄）早出→夜勤／遅出・夜勤・夕食前の排泄誘導
夕　方	夜勤・準遅出／夜間浴	夕食：食事介助・口腔ケア／遅出・片づけ／退勤	遅出・夜勤・夕食後の排泄誘導

① 日勤（リーダー）　　　　9：00〜18：00
　（パート日勤など）　　　 9：00〜18：00
② 早出　　　　　　　　　　6：30〜15：30／7：00〜16：00
③ 遅出　　　　　　　　　 10：00〜19：00／10：30〜19：30
　（準遅出など）　　　　　12：00〜21：00
④ 夜勤　　　　　　　　　 16：00〜翌日10：00

勤務表の作成には，スタッフと情報の「動き」をイメージ

左図の大切なところは，スタッフが出勤したときに，先に出勤しているスタッフの動きや情報（お年寄りの状況，排泄・食事など）を読み取り，そのとき必要なケアを自分で考えてスタートするということです．

その後も，情報・状況を各々が判断し，スタッフ相互に相手の動きを理解しながら，フットワークをとっていきます．

相手に伝えなければならないものは何か．いま目に見えているものと見えていないものは何か．毎日の業務のなかで，スタッフ一人一人が実感としてつかんでいくことが重要です．

こんな人がいると役立ちます

＜フリー＞
ここでいうフリーとは，業務の追いつかないところを補塡する役目というのではありません．日ごろスタッフがやりたいと思っていたこと，お年寄りと約束した大切なこと（買い物に行く・パチンコに出かけるなど）を果たす担当としてシフト表に明記します．

＜気のつくパートのおばちゃん＞
「介護」というより，「あらあら散らかって，これじゃああとから大変ですよ」とさっさと段取りし，いろいろなことを片づけていく家事能力の高い人．お年寄りにも「そりゃ不自由やね」と生活者として接する人．
「施設内の面倒くさいことはわたしにはわかりませんけど，これは人として当たり前ですから」と社会人として立ち居振る舞う人．

＜ハンサムな男性スタッフ＞
ワクワクする緊張とレクリエーションをお年寄りにもスタッフにも提供してくれる．とくに，おばあちゃんにもてる人は重宝します．

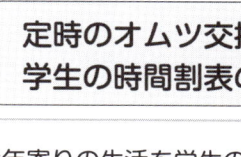

定時のオムツ交換がベース？ 学生の時間割表のようではありませんか？

お年寄りの生活を学生の時間割のように区分けするのは間違っています．
正しい生活リズムというのは，他人から与えられるのではなく，本人がつくっていくものです．
ここを見誤ると，業務の都合でお年寄りを振りまわしたり，飼いならすなどという現実が出てきます．
これは流れ作業の温床となっていきます．

図 21 改善後の勤務時間割表（例：ききょうの郷）

	0	1	2	3	4	5	6	7	8	9	10	11	12	13	14	15	16	17	18	19	20	21	22	23	
1 早番								■	■	■	■	■		■	■	■									★1
2 早番									■	■	■	■	■		■	■									★2
3 日勤										■	■	■		■	■	■	■	■							★3
4 日勤										■	■	■		■	■	■	■	■							★4
5 パート											■	■	■	■	■										★5
6 遅番												■	■	■		■	■	■	■	■					★6
7 パート														■	■	■	■								★7
1 夜勤	■	■	■	■	■	■	■	■	■									■	■	■	■	■	■	■	★8
2 夜勤	■	■	■	■	■	■	■	■	■								■	■	■	■	■	■	■	■	★8
	0	1	2	3	4	5	6	7	8	9	10	11	12	13	14	15	16	17	18	19	20	21	22	23	
入浴										●—●		●—●			●—●				●—●						
食事								●—●					●—●					●—●							
排泄	━━																								
レク											●—●				●—●										

- ★1：入浴
- ★2：入浴
- ★3：リーダー
- ★4：リベロ（フリー）
- ★5：フロア対応
- ★6：入浴，レク
- ★7：入浴，レク
- ★8：シーツ交換
- ★8：シーツ交換

改善後の勤務表の特徴

1）入浴フルオープンとなると，入浴日にあわせてスタッフがかためて多く出勤するというような日がなくなります．入浴係・専門パートなどもありません．
2）食事がバラバラ誘導になると，スタッフの休み時間がバラバラとなり，出退勤時間がバラバラになります．準早出・準遅出など勤務の種類が増えてきます．
3）排泄が随時誘導になると，スタッフ同士の言葉かけ・チェック表の記入・申し送りが気になってくるようになります．
4）食事・排泄・入浴にかける時間が長くなります．
5）スタッフはお年寄りをみて動くようになります．よって，スタッフとお年寄りの両方をみながら，フロア全体・施設全体の流れや雰囲気を読み取り，突発的な事故が発生したときの調整ができる人，つまりリーダーが必要になってきます．

3 新人教育(中途採用も含む)と指導のポイント

～スタッフの能力を学歴や勤務年数のみで評価しないために～

3-1　新人職員が育つためのアセスメント

3-1-1　新人職員が育つ流れ

図22　新人職員が育つ流れ

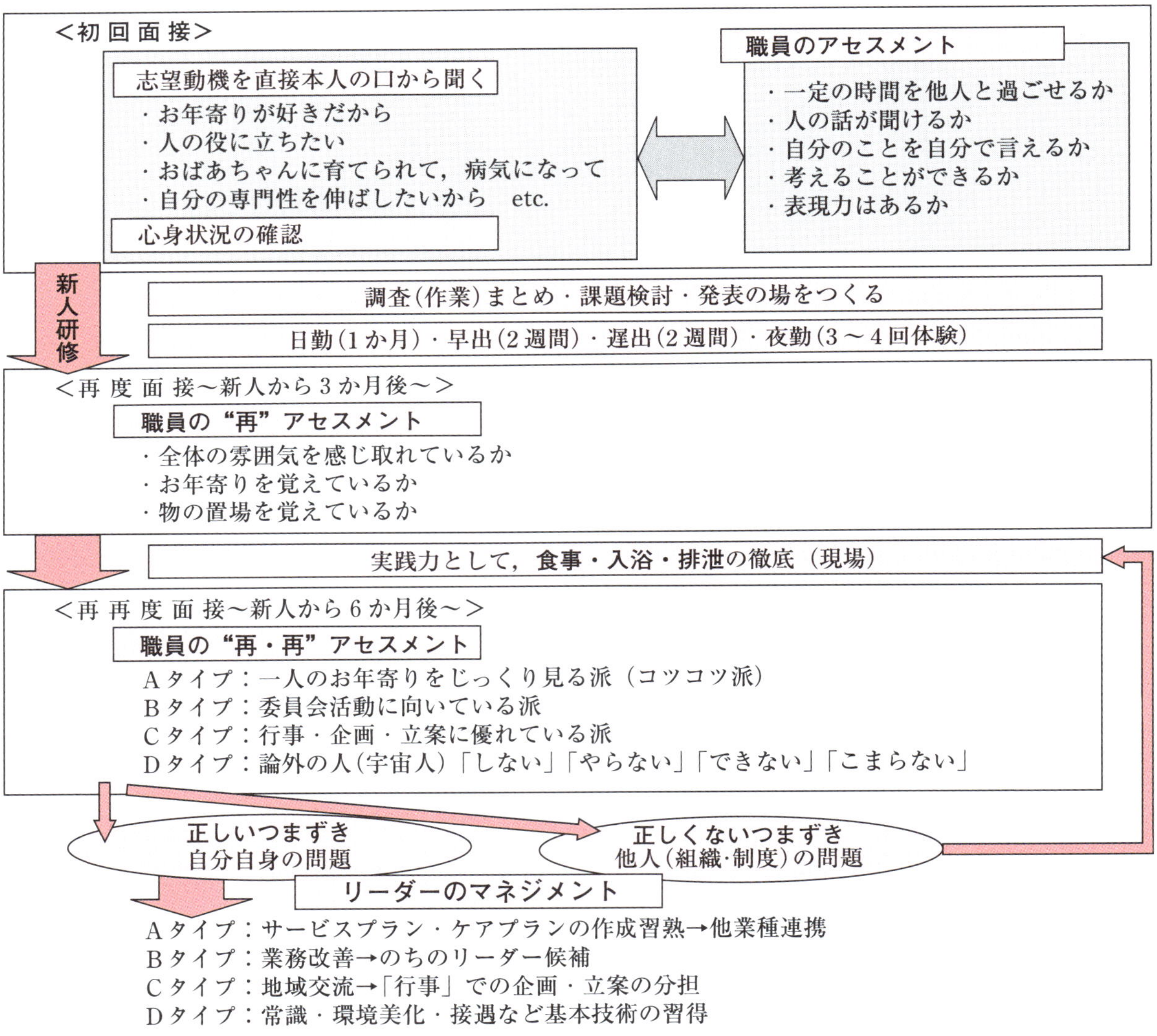

```
＜初回面接＞                              職員のアセスメント
┌─志望動機を直接本人の口から聞く─┐      ・一定の時間を他人と過ごせるか
│ ・お年寄りが好きだから          │      ・人の話が聞けるか
│ ・人の役に立ちたい              │ ←→  ・自分のことを自分で言えるか
│ ・おばあちゃんに育てられて，病気になって│ ・考えることができるか
│ ・自分の専門性を伸ばしたいから  etc.│   ・表現力はあるか
└─心身状況の確認─────────┘
```

新人研修
- 調査(作業)まとめ・課題検討・発表の場をつくる
- 日勤(1か月)・早出(2週間)・遅出(2週間)・夜勤(3～4回体験)

＜再度面接～新人から3か月後～＞
　職員の"再"アセスメント
- 全体の雰囲気を感じ取れているか
- お年寄りを覚えているか
- 物の置場を覚えているか

実践力として，食事・入浴・排泄の徹底（現場）

＜再再度面接～新人から6か月後～＞
　職員の"再・再"アセスメント
- Aタイプ：一人のお年寄りをじっくり見る派（コツコツ派）
- Bタイプ：委員会活動に向いている派
- Cタイプ：行事・企画・立案に優れている派
- Dタイプ：論外の人（宇宙人）「しない」「やらない」「できない」「こまらない」

正しいつまずき　　　　　　　　正しくないつまずき
自分自身の問題　　　　　　　　他人(組織・制度)の問題

リーダーのマネジメント

- Aタイプ：サービスプラン・ケアプランの作成習熟→他業種連携
- Bタイプ：業務改善→のちのリーダー候補
- Cタイプ：地域交流→「行事」での企画・立案の分担
- Dタイプ：常識・環境美化・接遇など基本技術の習得

具体的な面接項目と質問のしかた

スタッフとの面接は重要です．1対1で話し合う時間はもちろん，面接での受け答えにより，スタッフ自身のアセスメントを兼ねているからです．
ここでは，入職希望のスタッフへの，初回面接の項目，質問の例を示します．

1）組織の紹介・就業条件・希望する勤務
2）どうしてこの施設・この仕事を選びましたか
3）（スタッフ自身の）心身状況について
〔例〕老人ケアの仕事は決して楽な仕事ではありません．ときに夜を徹して行うこともあります．もしあなたがここで働いてくれるのなら，私はあなたに長く勤めて頂きたい．
　　　今の時点で私が先に知っておくことで，あなたに配慮することができ，あなたの働きやすさの基盤をつくっておきたい．言いたくなければ言わなくていいのですが，あなたの心と体で今困っていることはありませんか？
4）私たちには，やりたいケア，やり通さなければいけないケアがあります．あなたのやりたいケアを教えて下さい．

入職3年目だから主任です？
スウェーデンは素晴らしい？　日本がわるいんだ？

スタッフの成長はさまざまです．それをきちんと見定めないまま，主任にしたり，高い費用の海外研修に行かせたり，とスタッフの育成を誤っている施設が多くあります．

＜主任？　長く勤めているだけです＞
長く勤めているので役職をもらいました．順番でそうなっただけです．命令を出せとか責任をとれとかいわれても，よくわかりません．

＜自分の施設に学ぶものはない．研修に行かせてください＞
ここには何も学ぶものはない．大切なことは専門書・他の施設・研修会・外国にあるんだ．自分の施設はレベルが低く，よそは高尚なんだ．それをわたしだけが知っている．だから，外で研修させてください．

＜人・時間が足りない．制度がわるい．日本がわるい＞
施設がうまくいかないのは，人数が足りない，時間が足りない，スタッフのレベルが低い，主任がずれている，施設長がわかっていない，介護保険制度が不備，そして，その制度をつくった日本そのものがわるい．みんな他がわるい．だから，自分のせいではない．自分は関係ない．

＜正しいつまずき＞
髙口はスタッフの成長を左図のように考え，「正しいつまずき」を経験した者が次のステップ（役職や行事の担当など）に進むことができると考えます．
この「正しいつまずき」に入職後半年で到達する人もいれば，3年経っても「正しくないつまずき」を繰り返す人もいます．
若いスタッフのつまずきの状況にあわせていろいろなタイプの導きをしてあげてください．けっして経験年数だけではありません．

3-2　新人研修プログラムの計画と進めかたのポイント

・新人に対する共通の研修項目として，以下の項目と内容を実施する．

図 23　新人研修プログラム

項　目	内　容	実施時期
1．理念	理事長が直接実施する	初日
2．就業規則	事務長などが契約事項も含め明らかにする：組織図の説明	
3．ケア原則	リーダーが3項目を具体的に説明する ① 寝たきりにしない，させない ② 生活習慣を大切にする ③ 主体性・個性を引き出す	1週間以内
4．介護保険制度	在宅と施設の関係，全体事業の意味	
5．リーダーと新人のディスカッション	課題検討・発表	各日
6．ケア指針	各委員会担当による実技指導 できていること，これからやっていくことの発表	5月の連休明け〜7月
7．プリセプター	主任会議等で担当を決定	4〜7月
8．他部署研修	各種サービスの理解は困難・接遇研修とみなす	

リーダーと新人のディスカッション

ディスカッションの内容そのものが重要なのではなく，1対1の面接だけではつかみきれない，ディスカッションをとおして新人に対するアセスメントを充実することです．具体的には以下の方法です．
1）新人を3～5人のグループに分ける
2）同一の課題（1時間施設内を見学して，いいところ・わるいところを発表するなど）を与える
3）課題発表の評価（アセスメントの視点）
　① 課題を理解しているか
　② 段取りをつけているのは誰か
　③ モノの準備はどのように調達したか
　④ 作業は率先して行っているか
　⑤ 発表は誰がするのか．フォローは誰がするのか
　⑥ 全体的なチームワークはとれているのか
4）発表内容にはあまり留意しなくてもよく，簡単な総括をする．「同じ時間に同じものをみても，こんなにいろいろなとらえかたがありますね」などです．

口に出して発表するということ

仕事としての介護をする際に重要な能力は，「言う，聴く，伝える，やりとおす」ことです．
人前で発表するということで，この要素をひととおり押さえることができます．また，先輩たちの前で実践すれば，仲間入りの第一歩を踏み出すことになります．

プリセプター（プリセプターシップ）とは

プリセプターシップとは，1人の新人職員に1人の先輩職員がつき，ある期間マンツーマンで教育・指導を行うことをいいます．教育・指導として一方的に教え込むのではなく，新人職員を尊重し，意見を交流させながら実務的なことを中心に指導することになります．
看護の世界ではよく知られた新人教育プログラムですが，介護の世界での認知度は高くありません．
いわゆる「おねえさん」役で，新人を直接に担当し，新人スタッフの心身とものサポーターとなります．3～6か月をメドにノート交換などを実施し，書くこと・提出すること・交換するための調整を行うこと・事実と心情の変化を適切に表現すること・信頼関係をつくることなどの能力を，新人と先輩スタッフが日々の業務をとおして共に学んでいきます．
プリセプターシップの実施において最も重要なことは，プリセプターのフォローをしっかり行うことです．

3-3 「身体拘束(抑制)禁止」に対する意識づけと責任の所在

・わたしたちの施設はお年寄りをしばらない．
・しばらないために行うことが，すなわち看護だ，介護だ．

図24 「身体拘束禁止」の意識と責任の所在

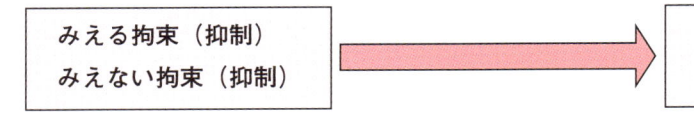

| みえる拘束(抑制)
みえない拘束(抑制) | → | 人の行動制限を人が行うことの理不尽さを徹底してリーダーが示す |

| 事故とは何か
・かかる事態において他に責任を問う必要のある状況
責任とは何か
・誰が解決できるのかを明らかにして，その解決を最後まで見届ける | → | あなたが，お年寄りのために懸命に行ったことで事故が発生したとき，その責任のすべてはわたしが取ります．
＜わたしがあなたの上司です＞ |

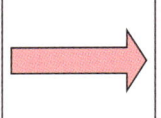

みえる拘束（抑制）

最近では，お年寄りを「しばる」という状況はなくなってきていますが，以下の行為についても「拘束（抑制）」であると認識していただきたいものです．
1) ベッド柵を4本にしてベッド内に閉じ込める
2) ツナギの服を着せる
3) 部屋・窓に鍵をかけ，自由に開閉できないようにする
4) 薬を飲ませ，おとなしくさせる
5) 操作しなければ開閉できないようなエレベーターとする
6) ナースコールを押せないようにする
7) ナースコールがなっても応答しないようにする
8) お年寄りをつねる，なじる，など言葉や行動で暴力をふるう
9) フカフカのソファーに座らせて立てないようにする

みえない拘束（抑制）

一方で，みえない以下のような行為も「拘束（抑制）」に該当することも認識してください．
1) 忙しそうな雰囲気（声もかけられない，ナースコールも申しわけない）
2) 疲れたような態度（お年寄りに気を遣わせる）
3) 気づかない，聞こえないふりをする，無視する
4) お年寄りを無視して，スタッフ同士でかたまって話しこむ，大声で笑う
5) 詰め所などにスタッフが閉じこもり，誰もフロアにいない
6) 業務の時間割をお年寄りの時間割としている

あなたの上司（リーダー）はわたしです

身体拘束の学習を通じて一番伝えたいことは，「あなた（新人）の上司はわたしである」ということです．
つまり，施設の方針である「わたしたちの施設はお年寄りを絶対に拘束しない」ということを守るためにとった行動のあらゆる責任は，すべて上司（＝リーダー）がとるということ．この身体拘束の研修は，報告の必要性，判断の重要性，責任の所在へとつながっていきます．これらのことは，結局「チームで仕事をする意味」を伝えることと同じなのです．
そしてこれらこそが，介護職のプロ意識の基盤となることを若いスタッフに伝えてほしいのです．

3-4　プロ意識の基本をつくるために

・各スタッフに介護という仕事を「プロ意識」をもって実施してもらうためには，以下の点を理解する．
・介護という仕事はチームで行うということ．
・事故などの発生の責任はリーダー・上司がとるということ．
・以上がどういうことになるのかは，かりに事故が発生したときの責任の所在を説明することによって，「一人で介護しているのではない」「わたしには仲間・守ってくれるリーダー・上司がいる」と実感する．
・とくに，「報告の必要性」「判断の重要性」「責任の所在」を明確にする．

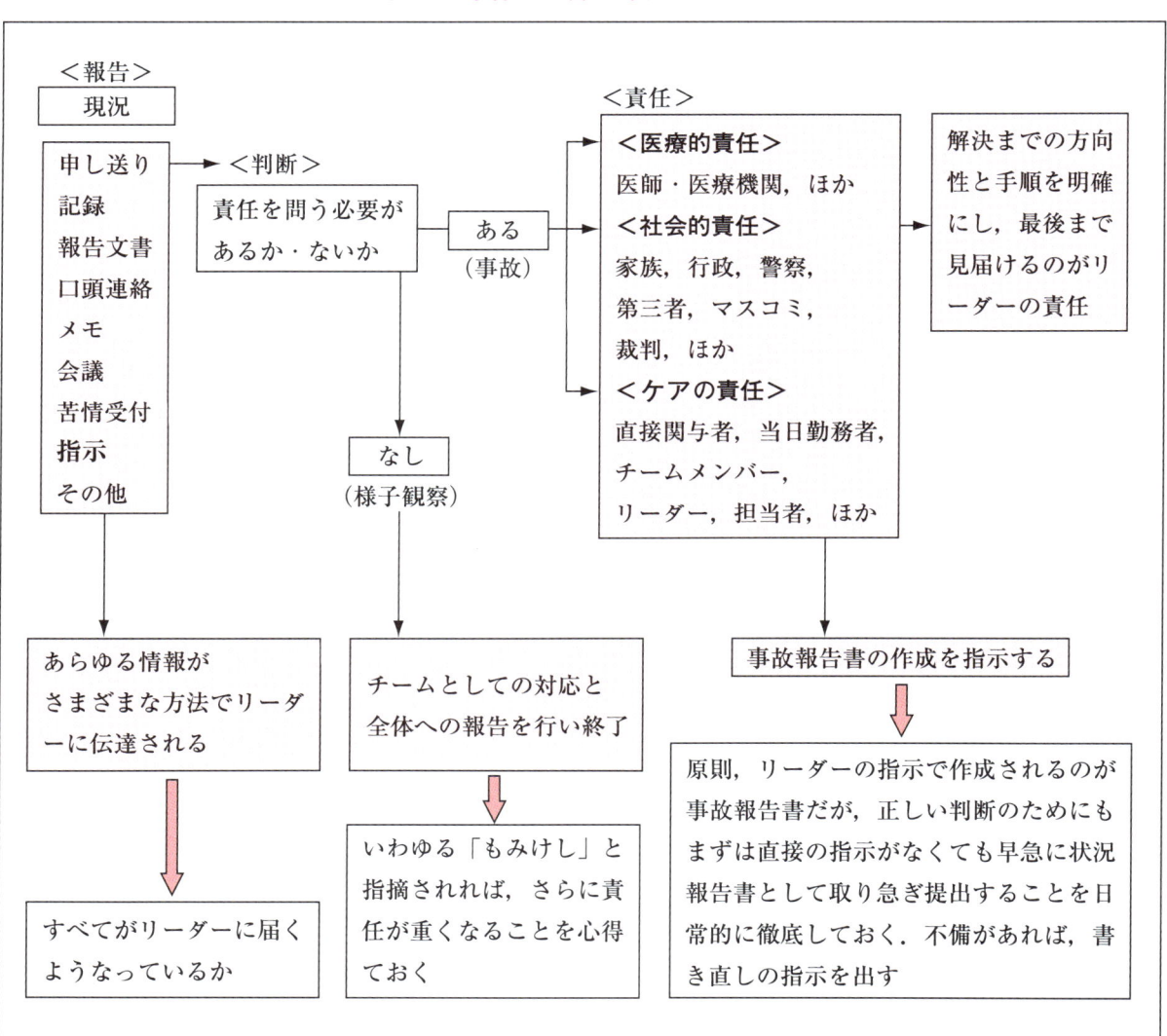

図25　責任の所在が問われるとき

<報告>
現況：申し送り／記録／報告文書／口頭連絡／メモ／会議／苦情受付／指示／その他

<判断>
責任を問う必要があるか・ないか
→ ある（事故）
→ なし（様子観察）

<責任>
- <医療的責任> 医師・医療機関，ほか
- <社会的責任> 家族，行政，警察，第三者，マスコミ，裁判，ほか
- <ケアの責任> 直接関与者，当日勤務者，チームメンバー，リーダー，担当者，ほか

解決までの方向性と手順を明確にし，最後まで見届けるのがリーダーの責任

あらゆる情報がさまざまな方法でリーダーに伝達される
↓
すべてがリーダーに届くようになっているか

チームとしての対応と全体への報告を行い終了
↓
いわゆる「もみけし」と指摘されれば，さらに責任が重くなることを心得ておく

事故報告書の作成を指示する
↓
原則，リーダーの指示で作成されるのが事故報告書だが，正しい判断のためにもまずは直接の指示がなくても早急に状況報告書として取り急ぎ提出することを日常的に徹底しておく．不備があれば，書き直しの指示を出す

家庭介護との大きな違い＝「プロ意識」

食事・入浴・排泄など，スタッフが行うケアは一見するとご家族が家庭で行っているケアと大きな違いがないように思えます．

そのため，スタッフのなかには「自分のやっていることは誰でもできることではないか？」「だれがやったってかわらない」といった無力感を覚えてしまう人もいます．そんなスタッフに強く言ってあげてください．「わたしたちはプロなんだ」と．「プロとしてご家庭でケアできなかったお年寄りをケアし，生活習慣を大切にした生活を送ってもらうことを仕事とし，それをお年寄り・ご家族と契約したのだ」と．

ただ，プロ意識とは，自覚し・頑張るだけでは成立せず，そこには，チームで仕事をすること，責任はリーダー・上司がとるということを明確にする必要があります．そしてそれらを成立させるためには，報告の必要性・判断の重要性・責任の所在をスタッフ自らが自覚することが基本となることを伝えてほしいのです．

3-5　新人アセスメント

図26　アセスメント項目の例

重要基本行動個人評価表

職員氏名 _____

重要基本行動	自己評価				上司評価			
	A 10	B 6	C 3	D 0	A 10	B 6	C 3	D 0
1. 誰からも好かれる明るいあいさつができる		○						
2. ユーモアがある		○						
3. 心身ともに健康である	○							
4. 気になるお年寄りが一人いる		○						
5. 高齢者介護に必要な知識がある				○				
6. お年寄りお一人お一人に合わせた介助ができる			○					
7. お年寄りの羞恥心に気づきお客様を傷つけない		○						
8. 苦手なお年寄りを他人任せにしない		○						
9. お年寄りの状態に合わせた話しかたができる		○						
10. 他人の話をしっかり聴ける		○						
11. 自分の意見をはっきり言える		○						
12. 要点をまとめて記録がきちんと書ける			○					
13. 報告がきちんとできる	○							
14. 仲間の企画を自分のこととして受け止めて協力できる		○						
15. わからないこと・できないことをそのままにしておかない			○					

A．重要基本行動を十分に理解し，自らも実践し他者に指導できる
B．重要基本行動を理解し，個人のレベルにおいて実践できる
C．重要基本行動は理解できているが，実践において問題あり
D．重要基本行動が理解できず，さらなる意識改革が必要

150点満点中　計　83点

150点満点中　計　　点

注：上表は「ききょうの郷」での評価表

アセスメントとは？

左の表は個人評価表です．これをそのまま「アセスメント」と考えるのは間違いです．評価項目＝スタッフをみるすべてではないということです．

スタッフ一人一人の素晴らしさは，もっと個性的でお年寄りと出会うことでさらに輝くこととなります．

しかし，入職して間もないころ，スタッフ自身が自分のイメージをこのような評価項目を通じて考える機会は重要です．この評価は「だめな自分」を認識させるのではなく，「だからこれからがんばっていく自分」というような，自己への眼差しをつくっていくキッカケとしてください．

そのために，リーダー自身がわたし（スタッフ）をどのようにみているのかということを，この評価用紙を資料にした「面談」を通じ，リーダーとスタッフの両者間の共通認識をつくり，「のびる」方向性を共につくっていく足がかりとして，この評価表を活用してほしいのです．

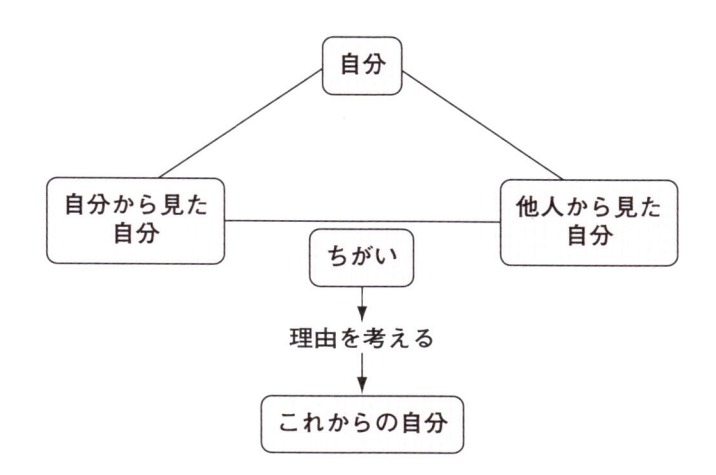

```
              ┌──────┐
              │ 自分 │
              └──┬───┘
           ┌─────┴─────┐
    ┌──────────┐   ┌──────────┐
    │ 自分から見た│──│ちがい│──│ 他人から見た │
    │   自分    │   └──┬───┘   │   自分    │
    └──────────┘      │        └──────────┘
                    理由を考える
                       ↓
                  ┌──────────┐
                  │これからの自分│
                  └──────────┘
```

3 新人教育（中途採用も含む）と指導のポイント

4 スタッフとの有効なコミュニケーションとかかわりかた

~個々の職員の個性をどのように見極め伸ばしていくか~

4-1 年配・若いスタッフを生かす言いかた・聴きかた

- ただ聞くのではなく，しっかり聴く
- とにかく絶対相手をバカにしない
- 意味づけ，構図説明，評価根拠を明らかにする
- 本人が自らの行為の意味を考え出せるように導く

↑ 傾聴
受容
共感
繰り返し
↓ 質問

図27　トラブルが起きたときの具体例

現況	・昨年新入職したスタッフAが，今年入職した新人スタッフBとはじめての夜勤を組んで勤務した． ・当日の夜，お年寄りの一人が何度も繰り返しナースコールを押すので，その対応と通常業務の組み立てがうまくできていないままに，その訴えを繰り返すお年寄りに新人Bの前でスタッフAは声を荒げてしまった……
受容	・あれもこれも自分でしなければならないと思ったのよね ・お年寄りのことも気になるけど，新人がどうみているのか気になって仕方なかったのよね ・お年寄りにも新人にもどう対応していいのかあせってくるなかで，どうして協力してくれないのか，という気持ちになったのよね
共感	・ちゃんとしたことを教えなきゃってイライラするよね ・先輩として何か失敗しているような気がしてドキドキするね ・何だか自分ばっかりに何でも振りかかってきたみたいで，むかむかしてくるよね
繰り返し	・あなたは，本日の夜勤で夜勤がはじめての新人と組むことになって，「よし，しっかり夜勤業務を教えよう」と思って，はりきって勤務に入ったのね ・だけど，説明したり一緒に働く前に，お年寄りから頻繁にナースコールが鳴って，その方の対応は新人にはまだ無理だと思ったから自分で対応したんだね ・だけど，新人に言いつけておいた仕事も中途半端で，そのうち，あれもこれも，手一杯になってきて，とうとうナースコールを繰り返すお年寄りを怒鳴ってしまったのよね
質問	・あなたは，本日の夜勤であの新人に一番何を教えたかったの？ ・お年寄りや新人にイライラしたのかしら，それともうまく対応できない・説明できない自分に腹が立ったのかしら ・どこかで，あの新人よりもコールを繰り返すお年寄りのほうが，今の状況やわたしの立場をわかってくれるはずなのにという期待する気持ちがあったのかな ・お年寄りを怒鳴ってしまったことがわるいという気持ちと，それを新人にみられて恥ずかしいという気持ちとどちらが強い？

- 解答を先に言ってしまって結果的に押しつけにならないように配慮する．
- 本人が本人自身の言葉で自らの行為の意味を考え出せるように導く．
- ここでリーダーの「質問力」が問われる．

年配スタッフ（おばちゃん）は生活者

おばちゃんは，年をとっている，勉強していない，資格がない，などで人知れずコンプレックスをもち，邪魔だと思われていないかいつも気にしています．これが物事の決定過程において自分に一切の関与がなかった（＝事前に知らなかった）という場面で一気に噴出します．理屈ではありません．

こんなおばちゃんには，下記のような対応を心がけています．

- 目をみてしっかり話を聞く（目安は15分間）
- 人の悪口でも本人が納得するまで十分に話をしてもらう
- 否定も肯定もできない話には「驚いて」聞く．自分でちらかして，自分で片づけるのが好きな傾向があり，話にまとまりがない場合が多い
- 会話は敬語で
- とくに問題のないこと（勤務表の配布，お酒を注ぐなど）はおばちゃんを一番にする
- 解決済みの出来事を相談する．とくに，女・結婚・子どもといった得意分野
- 創造的な意見は求めない
- おばちゃんが他の人から嫌われるようなこと，責任をとらせるようなことは絶対にしないということをアピールする

これらのことがおさえられると，おばちゃんは俄然力を発揮し，力強い味方へと変身します．もともとおばちゃんは生活者です．そのため，リーダーを通して自分の居場所に納得できると，とてもよい仕事をしてくれるのです．

若いスタッフ（10代後半〜20代前半）は宇宙人

はるかかなたの銀河系からようこそ地球へ！

世代，教育，しつけなど，そんな狭い範囲でとらえていては，イライラしてしまいこちらの身がもちません．

宇宙規模のかまえで，つまり宇宙人に地球を紹介する気持ちで接したほうが，お互いのためによいのです．

怒る・嘆く気持ちよりも，全く新しい生物に出会った自分を楽しむくらいの気構えでのぞんでください．

「みえないものをみる力」をつけていきましょう！

リーダーのいない時間帯・場所で何があったのか．それを把握するのはなかなか大変ですが，重要なことはむしろこのときに発生しています．

事実として正確に，思いとして柔軟に，みえないものをみる力をつけていきましょう．

4-2　2対6対2の法則を頭に入れる

- 職員全体を10とすると，「2：積極行動派」「6：声や態度の大きいほうにつく派」「2：何を言っても反対派」に大別できる．
- 多くのリーダーは，声が大きく，影響力が強いと思われる「2：何を言っても反対派」を改善指導しようと尽力する．が，無駄．
- 「6：声や態度の大きいほうにつく派」を「2：積極行動派」に近づけ，「2：何を言っても反対派」に影響されないよう配慮すべき．

図28　2：6：2の法則

2：積極行動派	6：声や態度の大きいほうにつく派	2：反対派

職員・スタッフ総数を10とする

4-3　ときどきリーダーの本音をみせる

- リーダーは常にスタッフに対して，意識的なかかわりを要求されているが，ときに，無意識（自然）に一個人としての本音・こだわり・ゆずれない気持ちをみせる．
- このリーダーの意識的なありかた，無意識の行動の両方をつかんで，職員はリーダーの人物像をつくり上げていく．

- たいていのことは受け入れるが、お年寄り・職員に対する理不尽には無茶苦茶怒る

「何を言っても反対派」に惑わされないように！

会議のとき，うなずいているのか，眠っているのかわからない中途半端な態度で，意見を求めても決して何もいわない．またはおどしのような根回しをして，先のみえない非建設的な意見を得意げに話す……．

決定事項が気に入らないと，全く聞き入れず，無視．そして他のスタッフにも強要し，強固なネットワークでそれを徹底する．

混乱が一番の目的である人々．混乱の源となるウワサの発信が常に自分であり，それを知っている職員が，自分の顔色をみて動くのが無上のよろこび，この人が影の大ボス．おおむね2割のスタッフがこれに該当するでしょう．

この「何を言っても反対派」に取りつかれたかのように振り回されてしまう労力は無駄である．この人々は，ただひとつ，「（自分を除いた）スタッフみんながお年寄りのためにがんばろう」と一致団結する状況が一番困る．そのため，他の8割の人への働きかけに力を注いでください．

「声や態度の大きいほうにつく派」はみている？

やりたい介護を問われても，自分の言葉ではなかなかうまく表現できない．やりたい介護がないのではないが，伝えられないもどかしさを無視されて，強く求められると逃げ出してしまう．

おおむね6割のスタッフが該当します．

ただ，この職員は，自分たちを本当に最後まで守ってくれるのは誰か？　をみています．リーダーとしてはこの職員の不安に答えられるようなスタッフへの見守りを意識してほしいと思います．

リーダーの「ゆずれない本音」とは？

リーダーはあくまでも施設の役職者として立ち居振る舞わなければなりません．知識・技術・協調性・調整力などを要求されている身でもあります．しかし一方で，スタッフたちはリーダーに対し，「本当は何を考えているのだろう」「人間として信用していいのかな？」「日頃はいいけど，いざとなったら本当にやってくれるのかしら？」と不安を抱えています．

それらに対し，リーダーとしてではなく，一個人としての「ゆずれない本音」をみせられたときに，スタッフは一種の安堵感を覚えるものなのです．

たとえば，以下のようなときには本気で怒ってほしいものです．

・立場の強い人が，立場の弱い人を傷つけた
・威張った医師が，迷っている家族に失礼をした
・事情を知っている事務長がわからない新人をバカにした
・思い込んでいるスタッフが，わかってほしいお年寄りを無視した

つまり，「人が人に対して，『人間を何だと思っているんだ』ということ」を問い正したくなるような場面では本気で怒ってほしいのです．

4-4　スタッフの「悩み」「つまずき」「不満」に対して有効にかかわる

・「うちのチーム（フロア）は文句が多くて，まとまりがないんですよ」という漠然とした不満を抱えているリーダーが多い．
・そういった「漠然とした不満」について，スタッフの個人的な問題なのか，スタッフ間の人間関係であるのか，集団としてのまとまりのものなのか，大きく3つに分類して分析してみると，原因がつかみやすい．
・そもそもの原因が施設内のことでなく，健康・家族・恋人などの影響であることも多い．まずはそのあたりの見極めが必要．

図29　スタッフ個人がよい状態であるか？

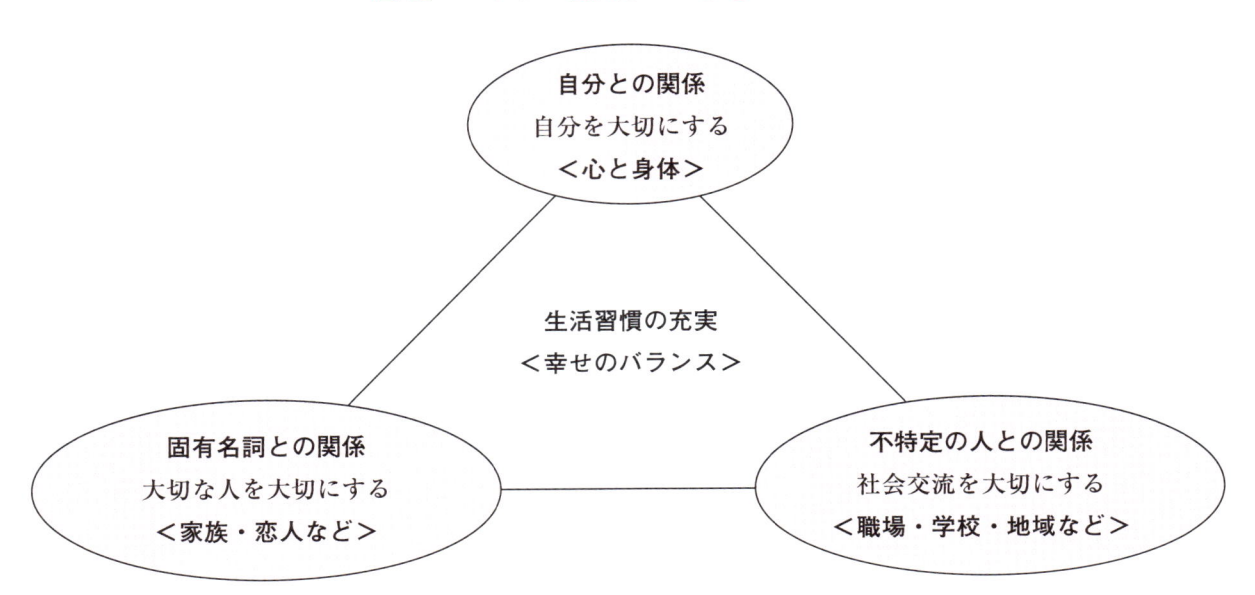

```
           自分との関係
           自分を大切にする
            ＜心と身体＞

          生活習慣の充実
          ＜幸せのバランス＞

固有名詞との関係              不特定の人との関係
大切な人を大切にする           社会交流を大切にする
＜家族・恋人など＞           ＜職場・学校・地域など＞
```

介護職に特徴的な「思い込み」

「お年寄りの介護をする」という職種のせいか，他の業種とは異なった人材が集まりやすい，というのが髙口の実感です．そのなかの特徴的な例を示しておきます

＜共依存症のスタッフ＞
・ダメな男，世話のやける男と付きあいやすく，その男のわがままに振り回されることが女の美徳と勘違いしている
・交際が中断すると，自分がわるいと自らを責め，業務に支障をきたすようになる．しかし，新しい男性が出現すると驚くほど立ち直りが早く，また同じパターンを繰り返す
・相手を思いどおりに動かすために世話をやくことと，健全な親切を混同しやすい．恨みと悲しみの区別をつける訓練が必要
・交際相手との金銭的なトラブル（貢ぐ・貸す）だけは発生しないよう，注意することが重要

＜トラウマを抱えるスタッフ＞
・幼いころから，肉親・友人などと厳しい関係（虐待・いじめなど）にあり，幼いころからほとんど無意識に人の顔色をみてしか行動できないところがある．
・そのため，人の注目・関心を集めることにこだわる．目的・意義は関係なく，注目・関心が大切
・自分自身がケアを求めているため，リーダーがスタッフをときには親鳥のように見守ることで，落ち着きを取り戻す

＜夢見る夢子・夢男さんスタッフ＞
・研修や講習などで語られるエピソードから，どこかにとびきりのユートピアがあると思い込み，自分もそのなかの一部に入り込みたいという衝動をもつ
・そんなものは現実にありえず，自分自身でまさにつくりだしていかなければならないという現実に直面すると，異様に怒り出し，他人を責め，制度を嘆き，日本国を憂う
・自分自身の問題であると認識させることが重要

＜スタッフ同士の恋愛関係＞
・すばらしい看護観・介護観を発信している人物が異性である場合に，強い共感を恋愛感情と勘違いし，惚れた腫れたの関係となってしまう
・他のスタッフにより，噂が先行して施設内を駆け巡り，働きにくくなってしまう場合が多い
・恋愛感情なのか，共感の念なのか，見極めさせるとともに，職員配置にも気を配ることが重要

4-4-1 スタッフ「個人」の問題解決

・個人的な「悩み」「つまずき」「不満」が何かをリーダーがじっくり聴く．
・問題解決能力とは何かを伝えていく．

図30　不平・不満と不安の違い

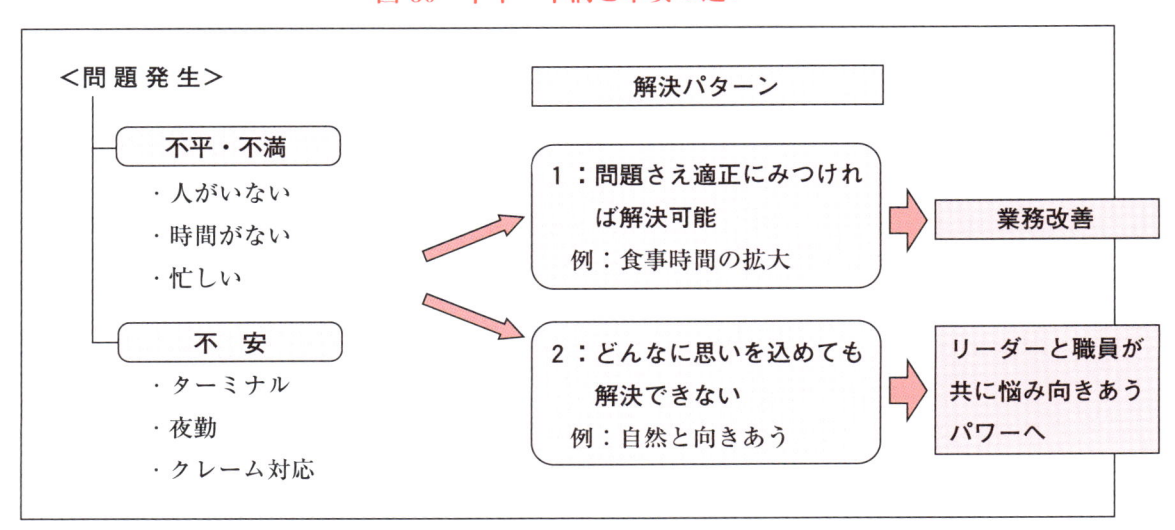

```
<問題発生>
　┌─ 不平・不満
　│　　・人がいない
　│　　・時間がない
　│　　・忙しい
　│
　└─ 不 安
　　　　・ターミナル
　　　　・夜勤
　　　　・クレーム対応

解決パターン
　1：問題さえ適正にみつければ解決可能
　　　例：食事時間の拡大
　　　→ 業務改善

　2：どんなに思いを込めても解決できない
　　　例：自然と向きあう
　　　→ リーダーと職員が共に悩み向きあうパワーへ
```

図31　不平・不満と不安への対応方法

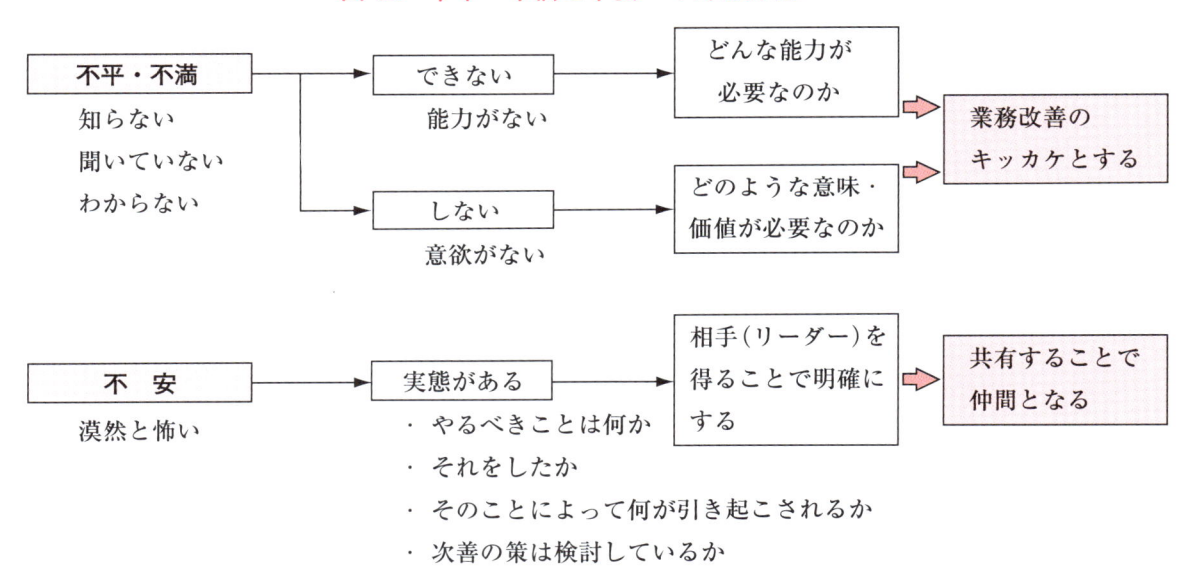

```
不平・不満　──→　できない（能力がない）　──→　どんな能力が必要なのか　──┐
知らない　　　　　　　　　　　　　　　　　　　　　　　　　　　　　　　　　├─→ 業務改善のキッカケとする
聞いていない　　　　　　　　　　　　　　　　　　　　　　　　　　　　　　　│
わからない　──→　しない（意欲がない）　　──→　どのような意味・価値が必要なのか ┘

不 安　　　──→　実態がある　──→　相手（リーダー）を得ることで明確にする　──→　共有することで仲間となる
漠然と怖い　　　　・やるべきことは何か
　　　　　　　　　・それをしたか
　　　　　　　　　・そのことによって何が引き起こされるか
　　　　　　　　　・次善の策は検討しているか
```

漠然としたスタッフの不満の代表例として……

・一度に大勢のお年寄りが食堂に来るのだから，お年寄りも職員も座って，1対1で食事介助するなんてできるはずありません．
・そんなことしたら，目がゆきとどかなくなって事故になります．
・お年寄りの立場に立って考えたら，事故は起こしたくありません．

できない（能力） ➡ 一度に大勢のお年寄りを食堂に誘導する以外の食事誘導の方法を実施できない
・勉強していない
・誘導動線の見直し・組み立てができない
・誘導時に必要な，言葉かけ，トランスファーができない

しない（意欲） ➡ 立って食事介助することをわるいと思っていない
・嚥下・そしゃくの意味がわかっていない……基礎学習を理解していない
・人に対しての失礼がわかっていない……目線の重要性を理解していない

不安がある（実態） ➡ 取り組んでもいないのに先にいいわけをする
・取り組んだあとに，予想される事態への対応が検討されていない
・失敗したら自分たちの責任にさせられるのではないかと思っている

解決できない問題がある──人の老い・死・病への不安

スタッフが抱える不安には，「老い」「死」「病」という人にはどうしようもできないことがあります．それは人として根源的な恐怖・不安となってやってきます．
とくに新人スタッフなどは，人の死を体験したことがない人も多く，漠然と怖く不安で，逃げるしかできないと思っている人もいます．
ケアという仕事には，どんなに懸命に心を傾けて熱心に取り組んでも，どんなに心を込めて祈り続けてもかなわないことが，人と人，人と自然の間にはあるということを知り，かなわないからといって，目をそらしたり逃げたりすることなく，どんなに辛くても見つめ続けること，かかわり続けること，そのことを私たちは，仕事・プロとして，契約しているということをリーダーも共に認識してほしいものです．
お年寄りが老いや死から逃れられないのと同様に，リーダーやスタッフ自身も，不安やせつなさから逃げず，隣に坐って手をにぎり，背中をさするなどをして一緒に居場所をつくることこそが重要であると思います．

4-4-2　スタッフ間のトラブル解決

・トラブルとは何か

・個人として世話をやくのか，中間管理職として指示するのかどうか，態度を決める

図32　スタッフ間トラブルの分析例

① 誰と誰が	実態としてスタッフの各固有名詞を把握する
② どのような状況なのか	口をきかない，互いの悪口を公然と言う，コンビを組むと仕事にならない，周囲が気を遣う，不愉快を感じる，職場でケンカを始める，話がまとまらない，伝わらない
③ 何が起こったのか	看護観・介護観トラブル（経歴，資格，仕事のやりかた，お年寄りのとらえかた） 性格トラブル（虫が好かない，気があわない，態度が気に入らない） 金銭トラブル（販売，貸借） 男女トラブル（恋愛，セクハラ，片思い） 思想・宗教トラブル（選挙，勧誘） 家族トラブル（子どもが同級生，家が近い，親戚関係）
④ リーダーとしてのチェック項目	・夜勤をこの２人の組み合わせで任せられるか ・このトラブルを理由に退職まで追い込まれないか ・このトラブルが原因で集中力が低下し，仕事にミスを引き起こしていないか ・会議で建設的な話しあいができるか，またその結果を守ることができるか

男女の関係が多くの問題発展へ……

男女が互いを意識して職場にほどよい緊張感とたしなみがあるときはよいのですが，一方的なあこがれや思い込み，支配とコントロール，嫉妬となりますと，たいへん多くの問題を生むことになります．それは，業務の怠慢（やるべきことをやらない），事実の隠蔽（報告すべきをしない），職場の雰囲気の悪化（噂の横行，個人攻撃，いじめ，無視）です．

若いスタッフが多いので，恋愛についてはおおらかにとらえてあげたいのですが，個人の問題だからと放置したままでは，気がついたときには取り返しのつかない状態になっていることも多々あります．必要以上の干渉には留意しながら，興味本意ではなく，リーダーシップとして状況を把握することは重要です．

同じミスを繰り返すスタッフへの対応

何度注意・指導しても同じミスを繰り返すスタッフがいませんか？ 現場が混乱する要因となっていませんか？ このようなスタッフに対応するためにリーダーとして法人規定を見直す必要があります．以下の流れで対応しますが，これはリーダー個人の考えでなく，法人規定であること，記録として残すこと，リーダーの上司（施設長など）に逐次報告しておくことが重要です．

〈入職時に懲罰規定を説明する〉
・法人の規定として，お年寄りに迷惑・不快感を与えた場合には，ときに懲罰をもって対応することを明確に伝えます．

〈第1回ミス…発生の認識をもたせる〉
・本人と面談します．その際にミスを認めるか認めないかを判断します．
・認める場合……ミスの内容・原因・再発しない工夫を本人と確認します．
・認めない場合…ミスの事実は存在し，それがおそらく本人に起因することをわからせます．自分がミスをしたという認識さえない場合があるからです．

〈第2回ミス…修正できるものか本人の資質・能力によるものかの判断〉
・本人と面談します．繰り返し（時間・回数）の指導によって解決できるミスなのかを探ります．
・本人の質的問題（常識・能力・資質）によるものかどうかも判断します．
・3回目には懲罰規定に則って対応することを明確にします．

〈第3回ミス…出勤停止〉
・本人と面談し，出勤停止の可能性を伝えます．おおむね1週間以内ですが，決定には施設長以下関係役職者の協議があったことも伝えます．
・出勤停止を施設長より申し渡し，その他始末書・減給処分など対応方法は法人の状況により異なります．

〈第4回ミス…配置転換・退職への本人意向を確認する・促す〉
・懲罰を受けてもなお繰り返すミスに対して，リーダーは本人に現在の職場・職種が向いていないことを伝え，配置転換の希望・本人の退職意向はないかを確認します．
・それでも自分のミスを認めず，職場にこだわりつづけるようであれば，リーダーとして職場・仲間を混乱させることを理由に解雇を考えなくてはなりません．

4-4-3 集団としてのトラブル解決

・施設における看護・介護は集団行為であることを認識する．
・スタッフとお年寄りはあくまでも1対1のケアとなるが，運営・経営の視点からはあくまでも「集団」である．
・その集団であるがゆえに起こりうるトラブルを回避しなければならない．

図33 集団ゆえに起こりうるトラブル例

① 公平，平等，画一の違い	<公平，平等> ・公平，平等と画一を同じことと勘違いしていないか？ ・どんなときでも，どんな人でも困っていたら駆けつける ・どんなお年寄りでもその人の希望に応える <画一> 同じ入浴回数，同じ食事時間，同じオムツ交換 「あのお年寄りだけ毎日お風呂なんて不公平です」という意見
② 行動障害などへの反応の違い	・ある認知症のお年寄りに対して，「キライだ」「気にならない」といった両極端な意見が発生する ・この違いはどこからくるのか．違いがあって当たり前とし，その読み取りを認知症高齢者のケアにつなげる
③ 思いと技術のアンバランスの調整	「思い」⇔「技術」 お花見に連れて行ってあげたい ⇔ 屋外の車椅子操作の技術がない 排泄ケアを勉強した／排泄チェック表も作成できる ⇔ ある一人のお年寄りのオムツを外したいと思ったことがない
④ チームプレイとファインプレイの共存	・一人のお年寄りにそのとき丁寧にかかわることができたのは，そのお年寄り以外をしっかりみていてくれた他の仲間がいたから． ・わたしたちがやりたかった介護をあのスタッフが本当にやりとおしてくれた ・上記2点は相互性をもつ
⑤ ケアスタイルの違い	・コツコツ派，委員会派，行事派，宇宙人 ・いろいろなお年寄りがいて，いろいろな日が巡ってくるのだから，いろいろなスタッフが必要

・命令のしかた→命令をきちんと出し，責任をとる

・言いつける
・たのむ
・はかる
・ほのめかす
・つのる

→

・自分自身の言葉で話す，文書にする
・明確な認識をもって，断片的にせず，追加もせず，一時に完全に与える（骨子・意図・目的）
・誤解をもたせないようにする
・関心や意欲として集中できるものを示す

トラブル解決にはきちんとした「命令」が必要です

漠然としたトラブルを分析することは大切ですが，さらに重要なのは分析した後に解決に向けたリーダーとしての適切な「命令」「指示」です．

その際には「○○しなさい」ということだけでなく，相手の状況によりさまざまな言いまわしや伝えかたがあります．ここではその具体例を示しておきます．

〈いいつける〉

よい例	・今年度は本格的に業務改善に取り組んでいくのが施設方針です ・まずはじめは入浴ケアからです ・スタッフのアンケート結果とわたし（リーダー）の判断で，あなたたち5人に入浴委員会の委員を担当してもらいます
わるい例	・入浴委員会の担当はアンケートの結果，この5人の決まりました ・施設方針だからといってあんまり深刻にならないで，できるだけのことをやってくれればいいんだからね

〈たのむ〉

よい例	・入浴委員会こそが（入浴ケアの見直し・実践のための）入浴実技講習会を自分たちの力でぜひやってみようよ
わるい例	・入浴ケアの見直しのためには，フロ介助の実技講習をしないといけないのよね．これ，入浴委員会がやってくれるといいんだけど

〈はかる〉

よい例	・お年寄りから，スタッフがあわただしく動く食堂は落ち着けないという意見がありました ・いろいろ考えてみたけどやっぱりどこから手をつけたらいいのかわからないのよね ・わたしたちがまずできることに何があるのか聞かせてほしい
わるい例	・お年寄りから，また食堂があわただしいって話が出ました ・落ち着いた雰囲気の食堂にできたらしたいと思っているので，気づいた人から何でも取り組んでもらえませんか

〈ほのめかす〉

よい例	・一日中外に出ようとしているAさんだけど，どうかな，あなたが一日しっかりAさんと一緒に過ごしてみない？　一日一緒にいるとAさんの本当の気持ちが少しでもみえてくるかもしれないしね
わるい例	・認知症のお年寄りの生活ケアのためには，一日一緒についてまわるといいんだって．誰かAさんについてくれる人がいるといいんだけど

〈つのる〉

よい例	・今まで，わたしたちが取り組んできたことをわたしたちがマニュアル化して，新年度の新人研修から早速使いたいと考えています．先輩として後輩に伝えたいことのある人にマニュアルをつくってもらいたい．希望者は申し出てください
わるい例	・新人研修の資料となるマニュアルをみんなで作っていくつもりです．そんなに負担にならないようにできると思うので，できる人は言いにきてください

4-4-4　漠然としたトラブルを分析する

・業務内容を変更するときの障害パターン

1）心理的なもの

旧態依然として現状に満足している．
- 今までどおりでいいじゃない
- 何が問題なの，時間どおりすんでいるし
- お年寄りから文句も出ていないわよ

熟練技術の陳腐化から起こる抵抗．
- 手や身体でやっと覚えたこの作業を，一からやり直すなんて，わたしの今までの努力はどうなるの．わたしの立場が危うくなる
- バカにするんじゃないわよ．恥をかかせる気？

改善を取り入れていこうという気がない．
- いいことかもしれないけど，それまでの手間が面倒
- 他のことで忙しい

提案者個人に対して抵抗がある．
- 日ごろの物言いや態度がわるいあの人に，がんばりましょうと言われても納得できない
- 何も知らない新人にとやかく言われたくない
- 自分の立場や自分の利益のことしか考えない人がどんないいことを言っても，結局はお年寄りやわたしたちのためにはならないからいやです

新しい方法になじまない，のみこめない，考えにくい，ついていけない．
- 考えかたも意義もわかったけど，明日出勤したらわたしは何をやったらいいの？
- 一度に全部やらなきゃいけないの？

2）制度的なもの

予算がない．
- 資料もないし，実績もないから，予算の請求のしようがない

技術・知識の研究機会がない．
- 聞いたことはあるけど，実際順序だてて学んだことも練習したこともない

組織体制が受け入れられる状態にない．
- 新人が多い時期
- リーダーが入れ替わって間もない時期
- お年寄りにもスタッフにもインフルエンザが流行っている

内外の環境が熟していない．
- 施設に対してまだ説明していない
- 他部署が納得していないので，協力が得られない
- 制度として認められていない

上部の理解が得られない．
- 他の施設がまだやっていない
- 失敗したら誰が責任をとるんだ

トラブルの対応例

さまざまなタイプのリーダーがおり，トラブルの対応のしかたはいろいろあると思いますが，ここでは高口の例として左記の障害パターンに対応する方策例を示します．

1) 心理的なもの

旧態依然として現状に満足している．
- 今までどおりってどういう介護のことなのか明らかにする
- 時間どおりすんでいることが問題であることを具体的に示す
- 言いたいことも言えずにいる状況を放置することの深刻さを伝える

熟練技術の陳腐化から起こる抵抗．
- 今まで先輩方ががんばってきてくれたからこそ，今日があり今を見直すことができる
- 今までをつくってきた人なら，これからを一緒につくることができる
- 新しいことを邪魔するスタッフという立場がこれからのあなたの立場となる
- わたしたち（リーダー）がそんな態度をしていたのなら申しわけない，謝罪する
- うまくいかないときもうまくいったときもそれはみんな一緒だよ
- 責任はわたし（リーダー）にある

改善を取り入れていこうという気がない．
- 手順・段取りを具体的に示し，できれば大まかなタイムスケジュールをみせる
- その経過によって，そのスタッフにとって得られるものを示す
- 何に忙しいかを面談で確認し，必要に応じてサポートする

提案者個人に対して抵抗がある．
- どんなによい内容でも提案者自身の問題で結果取り組まれないのなら，最も損をしているのは，お年寄りである
- その人にとっての利益って何だろう．わたしたちのため，お年寄りのためって何だろう
- 新人がこういうことを言える職場や先輩であることが素晴らしい
- 新人が提案した以上，本人が思っている以上の展開がつくりだせれば最高だね

新しい方法になじまない，のみこめない，考えにくい，ついていけない．
- 準備・段取り・日程・時間割・お年寄りの名前・スタッフの動きなどを，文章・言葉・一人ひとり個別説明，事前説明，そのときどきの説明を繰り返す

2) 制度的なもの

予算がない．
- まずやってみることから実績をつくる．データは自分たちがつくる

技術・知識の研究機会がない．
- 研修計画をたてる

組織体制が受け入れられる状態にない．
- しかるべき時期を判断する
- なしくずしにならないように注意する

内外の環境が熟していない．
- 施設・他部署説明を会議・文章を通じて実施する
- 制度のみで実施の有無をきめるのではなく，本人・家族の意向を根拠とする
- なぜなら介護保険法だからそれができる

上部の理解が得られない．
- 思いつきでとんでもない反応なら，心からあきれる
- 有意義な指摘なら，自分自身の課題ととらえ，再チャレンジする

5 リーダーとしての介護施設のケアマネジメント

～理念に基づく「ケア」を日常業務へ落とし込んでいくために～

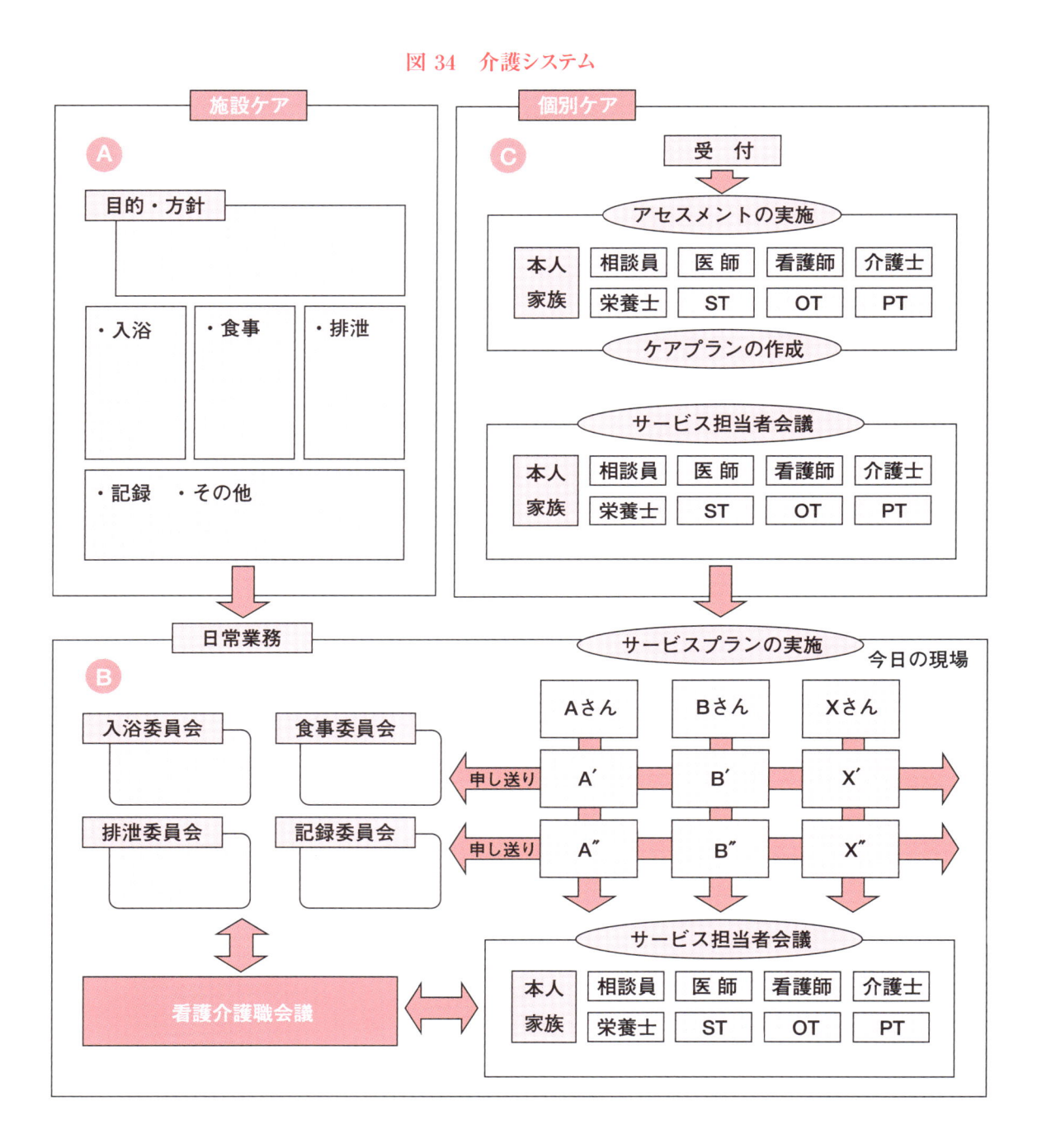

図34 介護システム

左の図が何を表しているのかわかりますか？

毎日の業務には，食事・排泄・入浴の介助があったり，各種委員会への出席，会議への参加などなど……．

それらが繰り返されてはいるものの，お互いの関係や意味・意義をきちんと把握できているでしょうか？ここで，いったん整理しておきたいものです．

Aの枠：目標の設定

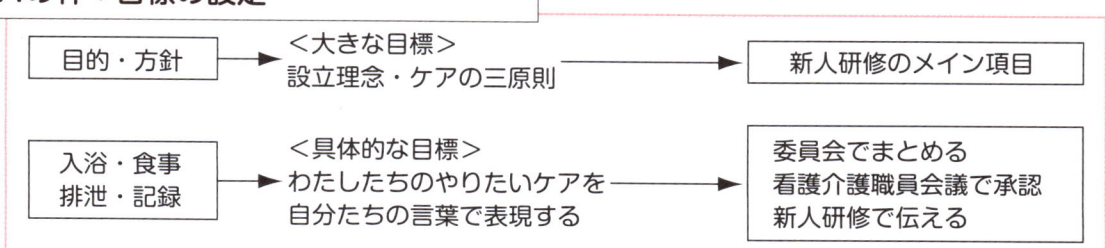

- 目的・方針 → ＜大きな目標＞設立理念・ケアの三原則 → 新人研修のメイン項目
- 入浴・食事 排泄・記録 → ＜具体的な目標＞わたしたちのやりたいケアを自分たちの言葉で表現する → 委員会でまとめる／看護介護職員会議で承認／新人研修で伝える

Bの枠：業務の設定

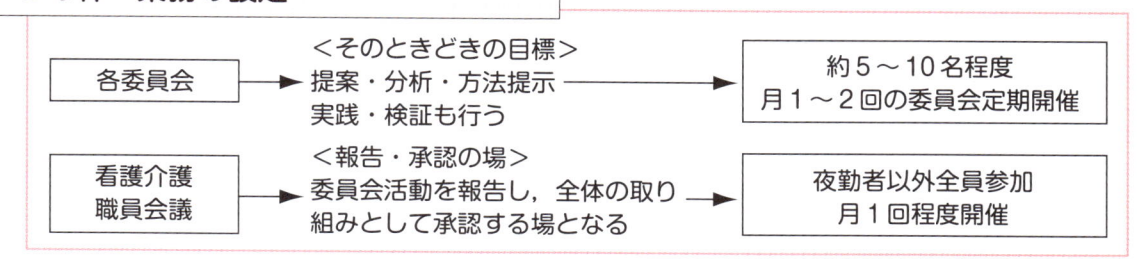

- 各委員会 → ＜そのときどきの目標＞提案・分析・方法提示 実践・検証も行う → 約5～10名程度／月1～2回の委員会定期開催
- 看護介護職員会議 → ＜報告・承認の場＞委員会活動を報告し，全体の取り組みとして承認する場となる → 夜勤者以外全員参加／月1回程度開催

Cの枠：お年寄り個別の流れ

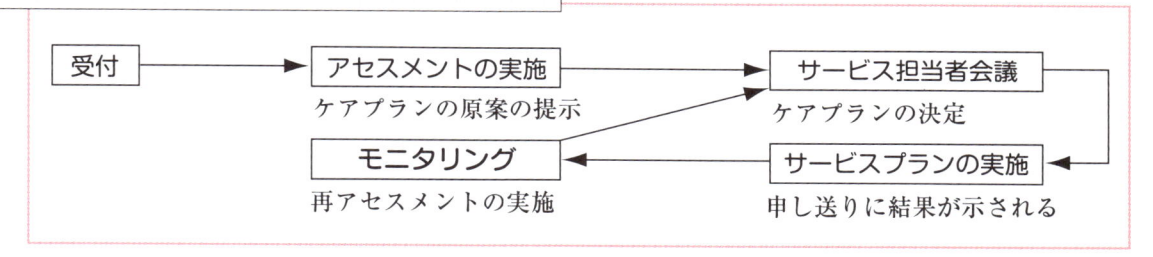

受付 → アセスメントの実施（ケアプランの原案の提示） → サービス担当者会議（ケアプランの決定） → サービスプランの実施（申し送りに結果が示される） → モニタリング（再アセスメントの実施） → サービス担当者会議

A→B：今日の業務を見すえて明日の業務を決定するシステム

＜リーダー①＞組織図に名前が掲載されている人物 → 例：主任

C→今日の現場：一人のお年寄りのためにケアサービスを徹底するシステム

＜リーダー②＞ケアマネジャー

- リーダー①と②は同一人物ではない
- リーダー①と②が不仲だと最悪
- リーダー①はスタッフを守る
- リーダー②はお年寄りを守る

システムが成熟すればこれは同義となる

これを見届けるのがトップリーダー（施設長）

5-1　介護施設のケアマネジメントとは？

5-1-1　介護施設の2つのシステムライン
- 前ページの図における,「施設としてのケア」と「一人のお年寄りのケア」の2つのシステムラインの関係をしっかりと把握すること.
- 各種の委員会・勉強会が無駄に多くならないよう,また,重複した内容を行っていないかどうかをリーダーが検討する.

5-1-2　申し送りの方法
- 申し送りは「トピックス」で行う.全員の食事量や排泄の状況を単調に伝える場ではないことを認識する.

図35　申し送りの内容

申し送り	・「トピックス」で行う ・注目しているお年寄りの状況と注目点をリーダーが目標づける ・その日のスタッフが共通して認識できること

毎日の申し送り・会議に何の意味があるのか？

働くスタッフ同士のみかた，考えかたを共有するために行います．申し送りは，その日その日のお年寄りの状態の共有．会議は看護観・介護観などの共有です．

わたしたちの仕事はお年寄りの顔色をみて行う仕事です．それが，一緒に働く仲間が何を考えているのか，何を思っているのかわからず，スタッフ同士が顔色をうかがいながら仕事をしているようでは，疲れ果ててしまうのです．

一日一日のイメージを共有することで，お互いのフットワークの意味と構図を認識します．その結果，視野に入らないお互いの動きを想定して，働けるようになり，不測の事態にも有効なフォロー体制をつくることができるのです．

委員会の活動が施設の存在そのものになります

委員会活動が活発な施設があります．基本的にはいいことなのですが，スタッフは勤務時間外に活動を要求されて疲弊していたり，「何のための委員会か」と意味を見失っている委員会も多々あるのではないでしょうか？

そもそも委員会とは，わたしたちはいま，何のために何をやっているのかを，今日のこの現場でともに再確認し，具体的に働く根源となるものです．施設がここに在る，その意味そのものの本質ともなる重要な活動なのです．

リーダー自身がケアプランとサービスプランを混同しない！

ケアプランは，ケアマネジャーの統括・調整の方針つまり，その人にとって必要なケアのありかたを示し，サービスプランは，サービス事業所・担当者が何をするのか，そのサービス内容を示したものです．

これを少し主観的に言ってしまうと，ケアプランとは，そのお年寄りが生きていく意味そのものであり，ケアする側がケアのありかたからそれを表現し，提供するケアの価値の裏づけとなります．そしてその選択権はお年寄りにあります．

一方でサービスプランは，生きていく方法そのものを具体的に示し，わたしたちのできることを明確にしたものといえます．

入浴を週〇回する，オムツを毎日〇回変える，といったサービスプランをケアプランのように混同していると，何のために「ケア」をしているのか，という根本のところで，煮詰まりを感じてしまうのです．

5-1-3 会議の運営方法

・会議の計画・準備は下図の3段階で行うこと．

図36　会議の計画・準備

① 会議の開催を検討する	・開催の価値はあるか ・文書や申し送りですまないか ・議題ははっきりしているか
② 会議の進めかたを検討する	・テーマはどのように提示するか ・テーマはどのように掘り下げるか ・事前に関係者（とくに上司）の意見を聞いておく ・おおむねの時間をみておく
③ 会議の準備	・資料データの手配 ・開催の日時・場所・テーマを出席者全員にあらかじめ知らせておく ・机の並べかた，白板などの準備

申し送りのおもしろい施設がのびる

全員のお年寄りをだらだらと，漫然と呪文のように言うのではなく，自分が最も興味関心のある人・物事・ストーリーを伝え，一緒に働くスタッフの共感をよぶ内容の申し送りが望ましいものです．
そこには，驚き，疑問，反発，納得など，人の行動動機を引き起こす力があります．毎日の申し送りでつぎのスタッフへこの動機をつなげていけるような雰囲気づくりが大切なのです．

言葉だけでなく視覚的な伝達方法の工夫を！ 白板を例に

朝・夕の申し送りによって，フロアやユニットの状況をすべて伝えることは困難です．また，それぞれのお年寄りの記録をたぐって把握することも時間もかかり面倒なことです．

そんなとき，白板を活用します．白板であれば，申し送りの内容を視覚的に何度も確認でき，また多くの情報を得ることができるからです．右にその例を示しておきます．この例でも，すべてのお年寄りの状況がだらだらと書かれるのではなく，注目すべきお年寄りの状況をトピックスで記入し，全スタッフが共有することを目的としています．

<白板の例>

夜勤者氏名	日勤者氏名	勤務者の動き (ボランティア・実習含む)	
食事量チェック者 夕食 朝食	食事 ・食べてほしい人 　食事量チェック	ショートの注意事項	
		ショート	
体調不良者の バイタルチェック	排泄 ・オムツはずし中の人 　排便，排尿のない人	本日の 出入り	明日の 出入り
夜勤の特記事項 （時系列表示）	入浴 ・入ってほしい人 ・入浴拒否中の人	・バイタル注目者 ・体調不良者 ・ターミナル期	
	施設全体の申し送り ・避難訓練 ・-監査　　など		
	その他	今日の受診者 ・どこの病院 ・いつ ・何のために	

<AM8：30>

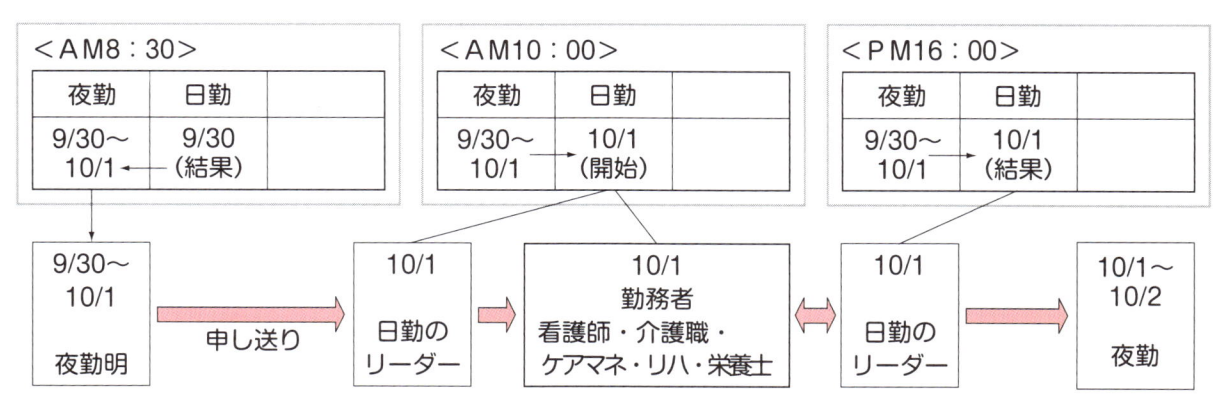

夜勤	日勤	
9/30～ 10/1	9/30 （結果）	

<AM10：00>

夜勤	日勤	
9/30～ 10/1	10/1 （開始）	

<PM16：00>

夜勤	日勤	
9/30～ 10/1	10/1 （結果）	

9/30～10/1 夜勤明 → 申し送り → 10/1 日勤のリーダー ↔ 10/1 勤務者 看護師・介護職・ケアマネ・リハ・栄養士 ↔ 10/1 日勤のリーダー → 10/1～10/2 夜勤

5-1-4　委員会活動の企画と進めかた

・各種委員会の活動の優先順位を以下に示します．
・委員会などの数は必要最小限に押さえること．食事・排泄・入浴・記録の4委員会で十分と考える．勉強会・業務改善委員会などは各委員会活動に含まれるので，独立して設ける必要はない．

図37　委員会活動の優先順位

① 環境整備（＝清掃）	・ホームグランドをきれいにすることで，委員会のやる気を示す ・食事委員会→食堂 ・排泄委員会→トイレ ・入浴委員会→お風呂 ・記録委員会→スタッフルーム
② 物品チェックと請求	・ケアにかかる物品をすべて把握しているか（無駄・在庫などの管理）
③ 業務見直し	・現在のケアとやりたいケアを明確にできるか ・その差を表現できるか
④ 各種チェック表の作成・集計	・無駄なチェック表の記録を続けていないか ・現在のチェック表が分析などにより，ケアに活かされているか
⑤ レクリエーション・行事への協力 サービスプラン・ケアプランの作成・実施	・特定のお年寄りについて，委員会として協力すべき内容の確認
⑥ その他	・適宜対応

委員会の人選から取り組みは始まっています

委員会としての取り組みは，メンバーの選任時期から始まっています．単に，「なりたい人が手を挙げる」というのではなく，本人の希望・リーダーが適任と思う人，それらをふまえて，他のスタッフが納得するような人選であることも重要なのです．

そのため，委員会の人選は下記のような経過を経て決定していくことにしています．

1）12月～1月：アンケート（第1～3希望）所属委員会
2）1月～2月：リーダーが話しあい決定（委員会メンバー）
3）2月　　　：看護・介護職会議で発表（承認を得る）
4）2月～3月：申し送り（旧メンバーから新メンバーへ）
5）4月　　　：活動開始（委員長の決定）
　　　　　　　：新人研修での内容を協議（自分たちが施設の代表者）

根回しを大切に

会議・委員会を開催するにあたり，前述のおばちゃんスタッフや施設長・事務長などへの根回しは重要です．

とくに以下の点に注意し，根回しを行ってください．

1）当然話題になるであろう項目について，必要事項は調査・問合せしておさえておく
2）エライ人ほど責任が大きいため，不安も大きい．追い詰めたり，恥をかかせないために事前説明をしておく
3）わからないとふてくされたり，無関心になる人に，個別にわかりやすく説明しておく
4）発表・提言してほしい人にその意図を伝えておく
5）日時・場所・議題を全員に知らせるとき，その手応えをみて，必要と思われる人には意見や気持ちを聞いておく
6）時間に制限のある人の予定を聞いておく

5-1-5　会議の進捗レベルを把握する

・同じテーマを扱っている会議にも，その進捗状況によって段階があることを認識する．
・段階によって，会議の進行方法や落としどころ，さらには根回しの方法やその対象が異なってくるので，リーダー自身が進捗レベルを把握すること．

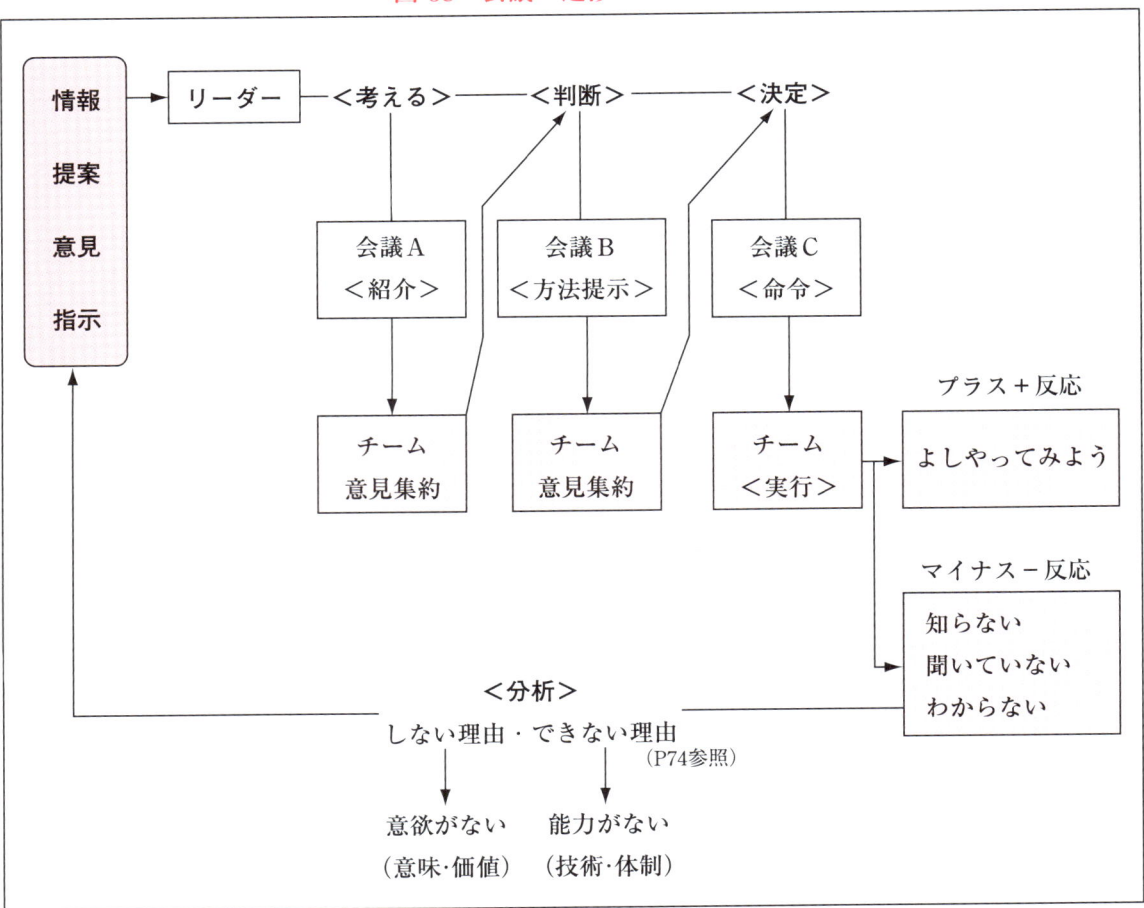

図38　会議の進捗レベル

```
情報               ＜考える＞────＜判断＞────＜決定＞
提案 → リーダー
意見                  ↓           ↓          ↓
指示              会議A        会議B       会議C
                 ＜紹介＞    ＜方法提示＞  ＜命令＞
                    ↓           ↓          ↓
                  チーム       チーム      チーム      プラス＋反応
                 意見集約     意見集約    ＜実行＞ →  よしやってみよう

                                                     マイナス－反応
                                                      知らない
                                                      聞いていない
                     ＜分析＞                          わからない
              しない理由・できない理由
                       （P74参照）
                  ↓         ↓
               意欲がない   能力がない
              （意味・価値）（技術・体制）
```

会議の進めかた（進行）を演習する

ユニットケアの導入を施設長から一方的に指示された場合

「ユニットケアの導入を施設長から突然に一方的に指示された場合」の導入を検討するにあたっての会議の進行例を示します

会議A 〈紹介〉全体概要を伝え，イメージをつくる

- みんなユニットケアって聞いたことある？
- わたし（リーダー）も今回のことをキッカケに調べてみたんだけど，お年寄りもスタッフも少人数にグループ分けして，できるだけ顔なじみになって，家庭的な雰囲気でその人に寄り添うケアを実践するためのひとつのケア方法だそうです

《スタッフの反応》
- ウチ（施設）でソレ（ユニットケア）をやるんですか？
- なんでケアのやりかたを変えるんですか？

会議B 〈方法論提示〉

- まずね，お年寄りを4つのグループに分けて，スタッフもこれにあわせて4つのグループ分けをします
- だから勤務表が4枚できるね
- 早出と日勤，遅出は各々のグループで勤務組みができるけど，夜勤は2つのグループから1人ずつ出すんだ（資料を使い説明する）
- これを9月1日から勤務希望を受け付けて，9月10日から勤務表を作成して，20日に公表し，10月1日からスタートします

《スタッフの反応》
- 勤務表は全部主任1人でつくるんですか？
- グループ分けは誰が決めるんですか？

会議C 〈命令〉

- みんなのやりたいケアをお年寄りと一緒に手づくりするために，わたしたちはいろいろ取り組んできました
- 今回はユニットケアを本格的にスタートさせます
- これは施設長の施設介護を向上させるための命令で，療養課長（リーダー）であるわたしの責任でお年寄りに喜んでいただけるまでやりとおします
- みなさんも思う存分がんばってください

5-1-6　会議を効果的に行うために

・会議の空転とは，①何のために話しあっているのかが定まっていない，②ともすれば，業務改善のための方法論を議論するだけになっている．つまり"お年寄りのために"という焦点があいまいであり，論点が上すべりしている．
・議題の内容をリーダー自身が分析できていることが重要．
・ここでいう議題とは，「業務改善」「サービスプランの変更」「お年寄りのQOLの向上」に関することである．
・漠然と上記3つを検討するのではなく，その仕組みを理解すること．

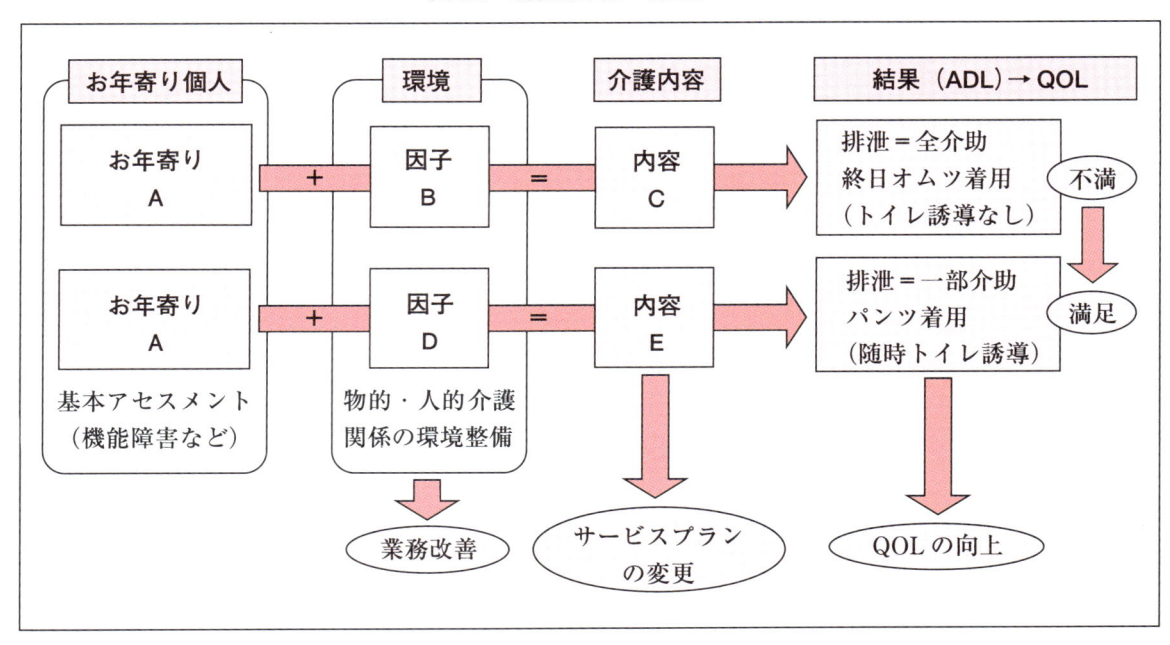

図39　議題内容の分析

ワークショップ：議題内容の分析例

ミチノさん91歳に，医師から「経管栄養」の指示が出されてしまいました．生活レベルを大切にしたいスタッフたちが「経口摂取」にこだわるためには，環境因子をBからDへ変化させる必要があります
どんな工夫・取り組みが必要か，考えてみてください

お年寄りA 〈個人〉ミチノさん（91歳）
　　　《意識レベル》

- 目が覚めているときは呼びかけに反応するものの，自分から発語することはほとんどない
- 調子のよいときはときおり歌ったり，笑ったり，ひとり言をいうときがある
- 日中はおおむね穏やかに過ごされているものの，眠たいときは身体をゆすっても起きない

　　　《身体レベル》

- あきらかな麻痺はないものの繰り返す脳梗塞の小さな発作により，動きが鈍い
- 自分の力で立つこと，歩行は困難
- 調子のよいときは手遊びをするが，目的ある動作はほとんどとれない

　　　《経過》

- 肺炎をキッカケに入院し，病院で絶食下において治療を受ける
- 肺炎は治癒したため施設に戻るが，絶食が続いたため，食事介助を再開してもほとんど食べられず，食事量にムラがある
- 医師より経管栄養をすすめる指示が出る

環境因子B 〈物的・人的・介護関係の環境整備〉
　　　〈物　　的〉・イリゲーターの準備　　・ベッドのギャッジアップ
　　　〈人　　的〉・医師の処方を読み取る知識　　・経管栄養を実施できる技術
　　　　　　　　・栄養補給の対象
　　　〈介護関係〉・処置対象者

介護内容C　一日2回の経管栄養

図 40　要因 B・D の発見視点

PT・OT・ST の役割		看護・介護職の役割
できる・できない（姿勢・動作・行為）		している・していない（活動）
できる		している
できない		していない
できない		している
できる	注目点！	していない

・お年寄りの不満を満足に変化させるため，環境因子をBからDへ変えることにより，介護内容をCからEへ変化させられるか．その分析力が必要とされる．
・具体的な環境因子B・Dの発見は，PT・OT・STのアセスメントとして「できる」と判断されたことに対し，看護・介護スタッフが「していない」点に注目する．
・なぜできるのにしないかの理由を物的・人的・介護関係の視点から整理する．
・その変化については漠然としないよう，PT・OT・STなどとより具体的に分析を進めること．

ワークショップ：環境因子Dの工夫・取り組みの例

ミチノさんに「口から食べてもらいたい」とこだわるスタッフたちが，環境因子をBからDへ変化させるために一所懸命話しあい準備をすすめてきました．医師の反対にあいながらも，ミチノさんのためを思いつづけたスタッフたちの取り組みの例です．

環境因子D 〈物的・人的・介護関係の環境整備〉
　　　〈物　的〉
　　　　・大好物の用意（いつでも提供できるように保管＝冷蔵庫の準備）
　　　　・椅子，テーブルの見直し
　　　　・スプーン，食器類の見直し
　　　　・好きな音楽を流すなどの雰囲気づくり
　　　〈人　的〉
　　　　・知　識：咀嚼，嚥下の勉強を行う
　　　　　　　　　食べたいという意欲と咀嚼，嚥下の関係を知る
　　　　・技　術：姿勢・覚醒・反応を見逃さない観察体制をつくる
　　　　　　　　　本人の嚥下・咀嚼のリズムにあわせた食事介助ができる
　　　　　　　　　1対1で食事介助ができる体制づくり
　　　　・人間観：口から食べるから元気になる
　　　〈介護関係〉
　　　　・この人に食べてもらいたい
　　　　・この人に喜んでもらいたい
　　　　・この人に生きていてほしい

※「お年寄りのため」に業務改善があるということを，リーダー・スタッフ共に確認する必要があります
※これを怠ると「業務改善のための業務改善」となってしまい，目的を見失いがちとなるからです

リーダー自身がこの環境因子Dの変化のイメージがつきましたか？

そもそも経管栄養と診断されたお年寄りを，経口摂取へと戻していく試みすら行ってみたことがないのではないでしょうか？
診断を鵜呑みにするのではなく，なぜそうなってしまうのか，「当たり前の生活」に少しでも近づいていくためには？　という視点でお年寄りに寄り添い，関係づくりをしてほしいと思います

5-2　施設独自の業務マニュアル作成のポイント

5-2-1　ケアの質の統一と向上のために

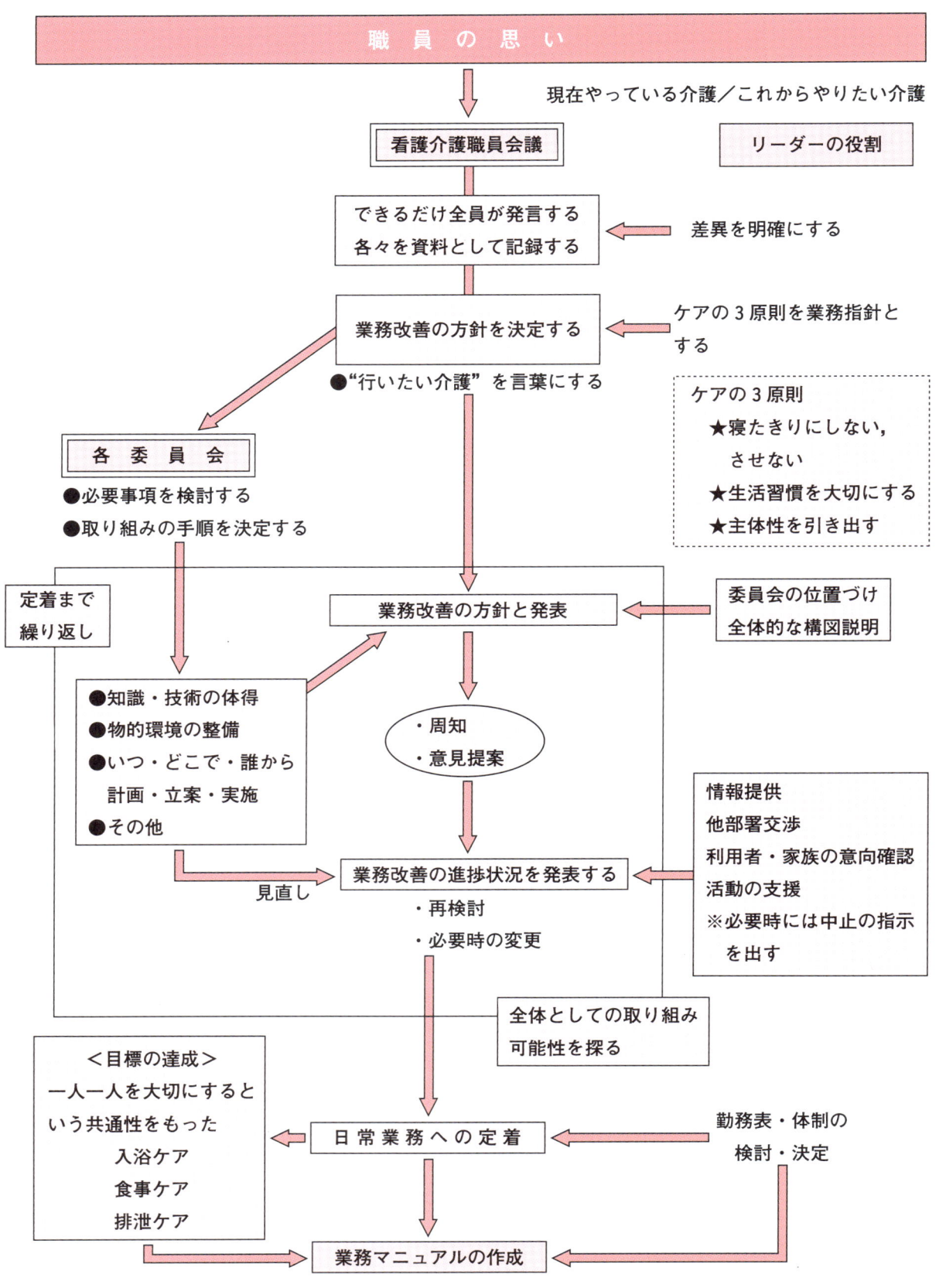

```
┌─────────────────── 職　員　の　思　い ───────────────────┐
                              ↓
              現在やっている介護／これからやりたい介護
                              ↓
                   ┌──────────────────┐        ┌──────────────┐
                   │　看護介護職員会議　│        │リーダーの役割│
                   └──────────────────┘        └──────────────┘
                              ↓
              ┌──────────────────────┐
              │できるだけ全員が発言する│  ←──  差異を明確にする
              │各々を資料として記録する│
              └──────────────────────┘
                              ↓
              ┌──────────────────────┐        ケアの3原則を業務指針と
              │業務改善の方針を決定する│  ←──  する
              └──────────────────────┘
                              ↓
                ●"行いたい介護"を言葉にする
                                              ┌─────────────────┐
                                              │ケアの3原則       │
                                              │ ★寝たきりにしない│
                                              │   させない        │
                                              │ ★生活習慣を大切にする│
                                              │ ★主体性を引き出す│
                                              └─────────────────┘
         ┌──────────┐
         │　各　委　員　会　│
         └──────────┘
         ●必要事項を検討する
         ●取り組みの手順を決定する
              ↓
 ┌─定着まで──┐
 │ 繰り返し　│
 │          ↓                      ↓
 │  ●知識・技術の体得      ┌──────────────────┐      ┌──────────────┐
 │  ●物的環境の整備        │業務改善の方針と発表│  ←── │委員会の位置づけ│
 │  ●いつ・どこで・誰から  └──────────────────┘      │全体的な構図説明│
 │    計画・立案・実施              ↓                └──────────────┘
 │  ●その他                   ・周知
 │                             ・意見提案
 │                                  ↓                 ┌──────────────┐
 │                                                     │情報提供       │
 │                                                     │他部署交渉     │
 │           見直し  ┌──────────────────────┐         │利用者・家族の意向確認│
 └──────────────→ │業務改善の進捗状況を発表する│  ←── │活動の支援     │
                    └──────────────────────┘         │※必要時には中止の指示│
                             ・再検討                  │  を出す       │
                             ・必要時の変更            └──────────────┘
                                  ↓
                              全体としての取り組み
                              可能性を探る
                                  ↓
┌──────────────┐         ┌──────────────┐          勤務表・体制の
│＜目標の達成＞│         │日 常 業 務 へ の 定 着│  ←── 検討・決定
│一人一人を大切にすると│ ←── └──────────────┘
│いう共通性をもった  │
│　入浴ケア          │
│　食事ケア          │
│　排泄ケア          │
└──────────────┘
        └─────────→ ┌──────────────┐  ←──
                      │業務マニュアルの作成│
                      └──────────────┘
```

業務マニュアルはつくろうと思ってつくるのではない！

スタッフは，以下の3要素をもった介護を実践したときにやりがいを感じます．
1）自発的である
2）お手本がなく創意工夫が必要
3）切実である

しかし，これらは互いに矛盾する面をもっています．たとえば，切実なほど失敗できない．お手本がないと失敗しやすい．給料のための介護は切実だけど自発性の有無が問えない……．

この矛盾（＝困難性）を乗り越えるからこそ，創造的といわれ，この過程で得た仲間をスタッフは大切にします．このような仕事としての介護の達成はスタッフ一人一人にとって，決して楽な課題ではなく，ときに重くのしかかるような思いさえします．

しかし，達成したときは，感動・充実・喜びが湧きあがり，この一瞬こそスタッフがやりがいを感じるときでもあります．

このときの仲間と体験を再確認したい，達成・体験を確かなものにしたい，仲間やお年寄りに伝えたい，こう思ったときに，それは記録され，結果マニュアルとなります．

マニュアルがあるから働くのではない．働くからマニュアルがあるのです．

ケアの向上・質の統一？

完全な介護・理想の介護というのは，完全な人間・理想的な人間がいないのと同じようにありえません．

しかし，やりたい介護・理想の介護を手に入れたい，または，そこに向かっていこうとすること，その行為そのものがケアの質の向上と考えます．そして，施設のスタッフ一丸となってその営みを継続しているからこそケアが統一され，そのこと自体に価値があるのです．日々，常にやりたい介護が生まれ，現場に定着していく流れを大切にしてください．

まとめ

- 髙口は，病院からはじめた老人ケアの仕事を10年ほど経験して，看護介護の現場リーダーの辞令を受け取りました．
- 当時は特別養護老人ホームの寮母でした．
- 初めてのリーダー辞令に「緊張と焦りで胸がいっぱい」で，何からどのように手をつけていいかわからず，先輩に聞いたり，セミナーに参加したり，本を読んだりと焦るように情報収集をしました．
- よい介護を学習する機会には恵まれましたが，看護介護のリーダーとして今日の現場をどう守り，明日につなげるのかは，髙口の勉強不足もありますが，誰もどの本も教えてくれませんでした．
- だから，髙口は「よい看護介護のリーダーとは」という自分の問いを，当時のお年寄り，ご家族，スタッフの皆さまと手探りするしかありませんでした．
- 髙口は失敗の数だけは誰にも負けない自信があります．いつもお年寄りが見守るなかで，ご家族の応援を受けて，スタッフと力を合わせて，繰り返した多くの失敗から学んだことをこの本にまとめました．
- この本を読んでいただいた皆さんには，髙口の10年以上の失敗を下敷きに，新しいチャレンジ，新しい失敗をしていただきたいと思います．そこからの「あなたの」学びをいつか髙口に教えてください．
- 「よいケア」を今日の現場でプロとして手に入れるために，リーダーとしてやりとおすために，どこかでお会いしましょう．

●自分（リーダー）の位置づけをしっかりと把握する
- 共同体とリーダーの関係図．
- 配置図（給与体系や行政対応時に重要）．
- 組織図（命令系統，緊急時や社会的責任の所在を明確にする）．

●ケアする人をケアする立場であることを認識する
- スタッフは自分がされたようにお年寄りに接する．
- ユニットケアのようにスタッフが孤独に陥りやすい場合は，トラブルが発生しやすい．

●「医療モデル」ではなく「生活モデル」であることを認識する
- 違いを認識することが第一歩．
- 教科書・マニュアルがないなかでシステムを確立していく覚悟をもつ．

●業務改善の手順を把握する
- まずは一人のお年寄りから．
- 改善にすべてを求めない（×入浴も食事も排泄も）．

・改善には最低3〜5年かかると見込む．
・「できる」か「できない」か，ではなく，「やりたい」か「やりたくない」か．

●スタッフの成長過程をしっかりと見極める
・不満・不安は業務改善のきっかけと受け止める．
・スタッフが「正しいつまずき」をしているのかどうか見極める．
・「コツコツ派」「委員会派」「行事派」それとも「宇宙人」か，スタッフの素質を見極める．
・素質にあった役割の担わせかた・指導方法を行う．

●「みんなワカンナイ」というスタッフの不満を冷静になって分析する
・不満の原因を分析する際に，「スタッフ一個人のもの」「スタッフの人間関係によるもの」「集団として引き起こされるもの」なのか，冷静に分析する．
・解決できない「不安」があることを知り，そしてスタッフと一緒に考え・悩むことで，その「不安」を「よりよいケアの取り組み姿勢」へと変化させること．
・不平・不満を業務改善の具体策として見定めること．

参考資料－1

外出・外泊ケアプランの流れ

段階	内容	区分
根まわし	① 行きたい・見たい・体験体感したい・利用者と自分の思い（ケアプラン検討）	知る
根まわし	② 主任・副主任に相談 ／ ③ 相談員に家族状況・パーソナルデータの交換（生活歴・病歴他）	報告・相談
根まわし	④ 外出・外泊するまでの施設サービスプランと旅プラン（別紙）	事前計画
根まわし	⑤ 施設長・主任・リハビリ・看護・ケアマネと連絡調整（勤務状況・身体レベル・体調）	行ける・行けない
根まわし	⑥ 家族に報告・依頼（家族の許可・不許可／参加・不参加）	家族協力
裏付け	⑦ プラン作成（別紙） ／ ⑧ 不許可・不参加の場合（なぜ？）	具体的計画・対策
裏付け	⑨ 主任・副主任に提出およびアドバイス確認	計画検討
裏付け	⑩ 事務長と施設長が検討	伺い・アドバイス
裏付け	⑪ 家族確認	報告・最終確認
実行	⑫ 主任・ケアマネ・相談員・事務長・施設長の印	最終決定 連絡・調整
実行	⑬ 実施	
まとめ	⑭ 報告・評価	結果・次へ

利用者によっては優先順位変更があります．臨機応変に対応しましょう

参考資料－2
入浴改善（個浴）にたずさわって

●個浴のきっかけ

　こんにちは．ききょうの郷介護職の平野です．

　ききょうの郷は平成9年に開設された開設6年目の施設で，1Fはデイサービス，2Fに60名，3Fに40名の計100名の入所利用者がいます．私は，ききょうの郷で働いて5年になります．

　普通高校を卒業した私は，介護の知識も経験もなかったため，ただひたすら，時間を気にしながら，食事介助，オムツ交換そしてバタバタと入浴介助をする毎日でした．月日が経つたび，「介護ってこれでいいのかな」と思いつつも，「ゆっくり食事介助や入浴介助をしたら，ほかの職員に遅いって言われるだろうな．時間もいろんな業務にずれ込んでしまうだろうし…きっと変えられないだろうな．しょうがないと思うしかない」と思い，毎日ただ業務をこなしている毎日でした．

　こんな思いを「このままではいけない！」とハッキリわからせてくれたのは，髙口さん，青山さん，そして個浴との出会いでした．

　ききょうの郷の入浴は一般浴という大きなお風呂と機械浴の2つで行っていました．その2つしか知らなかった私たちに青山さんが個浴を紹介してくれたのは，ちょうど1年前の11月の終わりでした．と同時に，各階2名ずつの計6名の入浴委員会できました．

　最初，私たちは個浴って何？　といった感じでしたが，とりあえず今のききょうの郷にあるお風呂についてよい点，わるい点について話をしました．
出てくるのはほとんどわるい点ばかり．体が浮いてしまう，つかまる所が少なく怖いなど，次から次へと出てきました．

　その後，個浴の説明を聞き，私たちがさっきあげたわるい点は個浴なら心配ないな，個浴であの利用者もこの利用者も入れてみたいと，次から次へと利用者の顔が浮かんできました．そして，個浴の入れかたを教えてもらいながら，立ち上がり，起き上がり，寝返りの介助のやりかたが自分たちは間違っていることに気づきました．

　さっそく個浴で利用者を入れてみようということになり，ききょうの郷に1個だけ家庭浴槽があったので，そこで入っていただこうということになりました．入ってもらうために，必要な物，足台や椅子などを施設中を捜し，少し工夫をして使用できるようにしました．

　では，どの利用者に入ってもらおうかという話しになり，私は一人の利用者の顔がすぐ浮かびました．トシコさん，小児麻痺の方で，お風呂は怖いといつもシャワーでした．私はすぐトシコさんの所へ行き，個浴の説明をしました．トシコさんは職員にいつも気を使う方で，「いいよ，めいわくでしょ．私ばっかりわるいし…」と最初はいっていたのですが，私たちの強い勧めに，「じゃあ入ってみようかな」といってくれたので，すぐ準備にとりかかりました．

●初めての個浴

　いよいよ入浴．初めての浴槽でトシコさんも私たちも不安と緊張がありましたが，トシコさんに「ここにつかまれば入れるよ」と教えてもらい，自分たちの手を手すり代わりにしてもらいながら，浴槽へ

つかることができました．

　トシコさんの「あーキモチいい，何年ぶりにお湯につかったんだろう」という言葉と笑顔に，とても嬉しくて涙がでてきました．そしてトシコさんが「実は人に体を見られるのがスゴク嫌なんだ」と打ち明けてくれ，入浴でこんなふうに話しできたらいいのにな，今の入浴介助は時間におわれ，話なんかできていない，でもどう変えていったらいいのかわからない，個浴も1つしかないし…と複雑なキモチでした．

　もう1人，ノブコさんというおばあちゃんにもはいってもらいました．ノブコさんは今までずっと機械浴でした．機械浴だったノブコさんが個浴に入れるかどうか私たちは不安でした．でも，その不安は驚きに変わりました．

　今まで全介助していたノブコさんが，自分で髪を洗い，自分の力で浴槽に入り，浴槽につかりながらタオルで顔を拭き気持ちよさそうに入浴している．私たちの心は感動でいっぱいでした．

　その日のことは今でもよく覚えています．家に帰った私は興奮がおさまらず，お母さんに「きいてきいて」と小学生のころのように，今日あったことをいろいろ話しをしたのです．その日の夜，一日を振り返って，今までの入浴介助はただの業務でしかなかった，私たちが利用者の自立を奪っていたことに気づきました．

　次の日，私は食事介助をしながら，涙があふれてきました．今までやってきたことは，もしかしたら全部まちがっていたんじゃないかと思い，怖くて不安で，利用者とどう接していいのかわからなくなり，足がすくむような思いでした．

　泣いている私をみた利用者が，「どうしたの？」と優しく声をかけてきてくれましたが，もう涙は止まりませんでした．今までしてきたことが申しわけない．なのに，優しい言葉をかけてくれる，お年寄りというのは，私たちがいいことをしてもわるいことをしても，全部丸ごと受けとめてくれるんだ．なんか悲しいような嬉しいような，今までにない気持ちでした．私はこのとき，自分自身とききょうの郷が変われるチャンスだと思い，入浴委員長にならせてもらいました．

　私の心のなかには，個浴に入ってもらったトシコさんやノブコさんのように，ほかの利用者にも職員にも，もっと笑顔になってもらいたい．がんばって個浴をやっていこうと決心がつきました．

　そうするためには，個浴の数が足りません．入浴委員のみんなで考えました．お風呂がほしいとみんなに呼びかけると，家で水道屋をやっている職員がいて，空き地に捨ててあるいらなくなった浴槽を3つもらうことができました．本格的に個浴スタートが近づいてきました．まず必要物品を考え，他の職員にも手伝ってもらい，足台や椅子など，初めて個浴をやったときのように自分たちで改造しつくりました．そして入浴チェック表もつくり変え，しばらくは利用者一人一人にあった入浴方法を書き込めるチェック表にしました．いよいよスタート．今まで機械浴だった利用者約25名を個浴にしようと，職員全員でがんばっていきました．最初は必ず入浴委員一人は入浴介助に入れるように勤務を組み，職員みんなとこうしてみよう，ああしてみようと考えながら入浴介助をしていきました．

　最初のころは，3つの浴槽で25名の入浴は，時間がかかってしまうこともありましたが，私たちが思っている以上に利用者のレベルはいいことがわかり，今までになかった利用者とのかかわりができて楽しいと，職員みんながんばってくれました．利用者のできることを考え，誘導の順番も変わってきたりと，自然と介助が少なくなり，前のあわただしさがウソのようになくなりました．

● ある挫折

　1か月すぎると，だいたい一人一人の利用者の入浴方法がわかり，入浴委員がそれをまとめ，チェッ

ク表に入れかたや体の向き，使用物など書き込み，どんな職員でもわかるようにしました．

そして，私たちの実践と思いが通じて，今まで１Ｆに１つしかなかったお風呂場を，各階にお風呂場を造ってもらうことになりました．工事は，4～9月に行われました．工事の騒音が出るときは利用者の外出を考えたり，入浴槽の設計のこと，個浴の定着，改善などいろいろなことが重なり，自分一人で勝手に背負ってしまいました．

そのときから，ききょうの郷には主任がいなかったため，自分たちがすすめていかないと…という気持ちで，仕事に行くと個浴の椅子を直さなきゃ，でも工事のことも決めなきゃ，工事の騒音が何日と何日がうるさいから外出計画たてなきゃ，何をまずやればいいのか，これでいいのか，不安とあせりばかりの毎日．仕事ばかりで自分の時間もなく，私はもう逃げ出したくなりました．初めて個浴をやっていたころに戻りたい，それは楽しくてたまらなかった．今は何も楽しくない，ただ疲れだけがたまっていく．もう疲れた…．

私は入浴委員長をやめさせてほしいと頼みました．そのとき一緒にやってきた入浴委員のみんなが，しばらく入浴委員の仕事は休んでいいよ，私たちががんばるからといってくれて，私はしばらく冬眠に入りました．

冬眠をしながら感じたことは，私には仕事の仲間がいるということです．今までは仕事の仲間というよりも仕事場の友だちという感覚だったのが，仕事の仲間と思えたのです．仕事の仲間ができたということがとても嬉しく心強いものでした．個浴に出会い，一緒に泣いて，一緒に考え，いろんなことを一緒にのりこえてきた仲間．

私をビックリさせた個浴が私を苦しめた．でも，個浴が仲間と出会わせてくれ，お年寄りと出会わせてくれた，目の前で今までの思いが本当に形になること，手でさわられること，お年寄りと職員みんなと感じたい！　と復活．

今でも，冬眠のことは入浴委員みんなに感謝しています．あのときの冬眠があったからこそ，今がんばれていると思います．きっとみんなにも息づまるときがくる，そのときはほかのみんなが支えて休ませてあげればいいと実感しました．

もうすぐ入浴槽完成です．私たちは，入浴槽オープンとともに夜間入浴ができるよう，勤務体制を変えました．

今まで遅番が2名だったのを，しばらくは3名体制に．時間も11時30分出勤の20時30分までにし，19時～20時30分まで職員2名が入浴介助に入りました．そして今まで昼間の入浴介助職員は3～4名だったのを，2名にしました．

●本格的な個浴の導入

あらかじめ，利用者に新しい入浴槽には5つの浴槽があることを説明し，何曜日の何時がいいのか，毎日入りたいか，夜間浴がいいか希望をきき，チェック表も個浴を始めたときのように一人一人の入浴方法が記入できるものにしました．

9月，入浴槽完成．みんなの夢の入浴槽，そしてフルオープン．少し不安もありましたが，新しい入浴槽をみて「やってやる！！」という強い気持ちになりました．3つの浴槽でスタートしたときのことを思い出し，みんながんばってくれました．

新しい浴槽での入浴後，喜んでくれる利用者もあれば前の大きなお風呂のほうがいいよという方もいました．でも，今までなかった時間を気にせずゆったりできるお風呂，時間がないからとできることを介助したりすることなく，ゆとりある入浴ができていると思います．夜間浴は，夜お風呂に入るとよく

眠れるようになったと，利用者がとても喜んでくれます．

　フルオープンから3か月．今は，遅番1名で夜間浴をやっています．でも，利用者の入浴介助法が職員間でバラバラだったり，個浴のよさがまだ伝わっていないところもあり，入浴委員会が中心となってもっとよい入浴法を目指していかなければなりません．今では，入浴委員長も交代となり，イシハラくんという職員ががんばってくれています．

　個浴と出会った1年を振り返ると，長かったようでもありますが，あっという間でした．1年前はフルオープンなんて考えてもいなかった，考えたって出来るはずがないって，どこか遠いところの話しかと思っていました．でも今は，目の前で私たちの手にある．この1年は私にとって忘れられない貴重な1年でした．やっと介護という仕事に近づけたと思います．

　これからも利用者に，そして仕事の仲間に支えられながら，自分にウソをつかず，本当にやりたい介護をしていきたいと思います．

おわりに

　本書をまとめる作業のなかで，「わたしがやってきたことって，こんなことだったんだ」と髙口光子さん自身がしみじみとおどろいていました．あらためて文書や箇条書き，図式化してみると，いかに複雑で，表現しきれない思考のもとに現場が動いているのかがわかりました．

　また，施設を改善していく際に「髙口さんだから改善できるんでしょ」「そんなことは夢・まぼろし・偶然じゃないの」といった声が聞こえるのに対し，体験・思考・技術（スキル）をもとにきちんと応えたいという髙口さんの強い思いがあることも知りました．「髙口ではなく"わたし"が改善する」ということをみなさんに伝えたかったのだと思います．

　「よい介護」をめざす方法論や道筋は無数にあります．それぞれの施設でそれぞれのリーダーのやりかたがあるなかで，とくにリーダーが迷ったときに，本書を開くとどこかに解決の糸口がある，探すことができる，ヒントが載っている．こんなふうに活用してもらえればと期待しています．

　最後になりましたが，ただの友達関係だった髙口さんと私杉田（旧姓・春日井）にこの本をまとめる機会をつくってくださった医歯薬出版の岸本舜晴氏に感謝いたします．

【著者略歴】

髙口 光子
横浜市に生まれ，幼少期を北九州市で過ごす

1982年	高知医療学院理学療法学科卒業・理学療法士免許取得（奨学金のお礼奉公として，福岡県のある医療グループに勤務．同グループの諸問題に遭遇し，老人医療に疑問をもつ．2年6か月の勤務後，託児所のある病院を求めて退職）
1985年	社団法人福岡医療団千鳥橋病院勤務（地域医療・地域リハビリテーションを通して，老人ケアの実践を目指す．家庭の都合で熊本県へ転居）
1987年	医療法人社団黎明会宇賀岳病院リハビリテーション科科長（老人病院での生活ケア・生活リハビリテーションの実践に取り組む）
1994年	社団法人熊本県理学療法士協会理事
1995年	社会福祉法人熊本南福祉会特別養護老人ホームシルバー日吉勤務（老人の生活に密着した介護現場を求め理学療法士から寮母への転身として話題になる）
1996年	シルバー日吉介護部長
1998年	介護支援専門員資格取得
1999年	シルバー日吉デイサービスセンターセンター長・シルバー日吉在宅部長
2000年	介護福祉士免許取得
2002年	シルバー日吉退職
2002年	介護アドバイザーとして看護・介護のリーダー養成活動を展開する湖山医療福祉グループ経営管理本部企画教育推進室室長
2006年	介護老人保健施設鶴舞乃城看護介護長
2007年	介護老人保健施設鶴舞乃城看介護部長
2012年	介護老人保健施設星のしずく看介護長も兼務
2020年	元気がでる介護研究所設立代表として就任する

ホームページ https://genki-kaigo.net/

主な著書　仕事としての老人ケアの気合（医歯薬出版），病院でひらいた生活ケア（筒井書房），ユニットケアという幻想（雲母書房），シルバー日吉の手作りケアマニュアル（共著，熊本南福祉会），介護リーダーの超技法（雲母書房），いきいきザ老人ケア（医学書院「第1回いきいき大賞」受賞），介護保険時代の新地域リハビリテーション（共著，厚生科学研究所），リーダーのためのケア技術論（関西看護出版），認知症介護びっくり日記（講談社），介護施設で死ぬということ（講談社），介護の「毒」は「コドク」です．（日総研）ほか

杉田 真記子（旧姓：春日井）
愛知県一宮市（旧尾西市）に生まれる

1995年	東京工業大学理工学研究科建築学専攻修了
2000年	春日井不動産株式会社勤務．1級建築士事務所開設
2001年	介護アドバイザーとして活躍する高口さんと知り合う
2002年	ききょうの郷へ高口さんとともに介護アドバイザーに入る
2004年	「高口光子のリーダー論」の取りまとめにとりかかる

主な著書　高口光子の介護保険施設における看護介護のリーダー論 その2（医歯薬出版，2007），高口光子の上級ケアリーダー編 やりたいケアをやりぬくリーダーになるために 介護保険施設における看護介護のリーダー論 その3（医歯薬出版，2011）

高口光子の
介護保険施設における看護介護のリーダー論　ISBN978-4-263-71924-4

2005年8月20日　第1版第1刷発行
2022年3月25日　第1版第10刷発行

著者　髙口光子
　　　杉田真記子
発行者　白石泰夫
発行所　医歯薬出版株式会社
〒113-8612　東京都文京区本駒込1-7-10
TEL. (03)5395－7618（編集）・7616（販売）
FAX. (03)5395－7609（編集）・8563（販売）
URL. https://www.ishiyaku.co.jp/
郵便振替番号　00190-5-13816

乱丁，落丁の際はお取り替えいたします　　　印刷・真興社／製本・愛千製本所
Ⓒ Ishiyaku Publishers, Inc., 2005. Printed in Japan

本書の複製権・翻訳権・翻案権・上映権・譲渡権・貸与権・公衆送信権（送信可能化権を含む）・口述権は，医歯薬出版（株）が保有します．
本書を無断で複製する行為（コピー，スキャン，デジタルデータ化など）は，「私的使用のための複製」などの著作権法上の限られた例外を除き禁じられています．また私的使用に該当する場合であっても，請負業者等の第三者に依頼し上記の行為を行うことは違法となります．

JCOPY　＜出版者著作権管理機構　委託出版物＞
本書をコピーやスキャン等により複製される場合は，そのつど事前に出版者著作権管理機構（電話03-5244-5088，FAX 03-5244-5089，e-mail:info@jcopy.or.jp）の許諾を得てください．